W9-AOV-246

BALTASAR DROMUNDO

JOSE MARIA
MORELOS

TEZONTLE

JOSÉ MARÍA MORELOS

POR LA NA-
CION Y POR
LA RELIGI
ON-
MORIR
O
VENCER
SUPREMA·JUNTA·NACIONAL·AMERICANA·CREADA·EN·EL·AÑO·DE·MDCCCXI·

BALTASAR DROMUNDO

JOSE MARIA MORELOS

TEZONTLE
México

Primera edición, 1970

Av. de la Universidad 975, México 12, D. F.

Impreso en México

I. LOS ORÍGENES

"Todo el fundamento de su fe era la palabra de sus misioneros."

EN EL AÑO 1525 fue fundado el pueblo de San Juan Apaseo [1] en las llanuras de El Bajío por Nicolás de San Luis Montañez en unión de Fernando de Tapia. Un año después, el cacique Montañez fundaría Acámbaro y dejaba constancia de sus actos al explicar: "con éste van tres pueblos que se han fundado, el primero fue el de Santiago de Querétaro, el pueblo de San Juan de Apaseo y este pueblo que se intitula de San Francisco de Acámbaro, provincia de Michuacan" [2]. Unos años más tarde, apreciable ya la importancia y progreso de Apaseo, de allí saldrían unas quince familias españolas, casi todas vizcaínas, a fundar a su vez la ciudad de Celaya: era el tiempo del Virrey de Mendoza quien mandaría abrir el camino de Apaseo hasta la capital de Nueva España, trazado sobre las huellas de la ruta que siguieran Guzmán y Olid, sesenta y dos y media leguas que hicieron el futuro y el progreso de la rica región [3].

Con fecha 14 de abril de 1826, Apaseo quedó incorporado al territorio del Estado de Guanajuato, conforme al orden federalista de la Constitución.

En ese lugar nacieron los Pérez-Pabón-Ocampo, tronco genealógico de don José María Morelos.

Consta en el archivo de la Casa de Morelos, en la ciudad de Morelia [4], el testamento suscrito por Pedro Pérez Pabón el 12 de marzo de 1750 —de que da noticia su descubridor don José R. Benítez— y en que se expresa: "En el nombre de Dios señor todo Poderoso.—Amén.—Notorio y manifiesto sea a los que el presente vieren como Yo D. Pedro Pérez Pabón originario y vecino de este Pueblo de San Juan Baptista de Apaseo jurisdicción de la ciudad de Zelaya de estado soltero hijo lexítimo de Don Sebastián Pérez Pabón y de Doña Juana de Ocampo, difuntos, vecinos que fueron de este dicho pueblo." Daba fe Francisco Ortiz Vallejo, escribano real y público, y se designaban albaceas a Juan Bautista Balda, vecino de Celaya, y a Silvestre Fortuño, del comercio de Apaseo, testigos Juan Martínez de Buenrostro y Gerónimo Alcíbar, avecindados en este último lugar [5].

Don Pedro Pérez Pabón vendría a ser el bisabuelo de José María Morelos y Pabón. Su nacimiento probablemente tuvo lugar a fines del siglo XVII. Sus padres corresponden por su natalicio a principios de la segunda mitad de esa centuria, ya que en dicha época se da noticia cierta de don Sebastián Pérez Pabón y doña Juana de Ocampo, tatarabuelos de don José María.

El bisabuelo carecía de hijos legítimos y designó su "primer capellán" a un hijo que "tuvo en mujer libre", don José Antonio Pérez Pabón, vecino también de Apaseo [6]. Años corridos, hacia octubre de 1776, se daba noticia del fallecimiento de José Antonio "quedando vacante la capellanía": poco había disfrutado el hijo de don Pedro esa herencia que el albacea derrochara torpemente [7].

Dice y con razón don José R. Benítez, en su obra *Morelos, su Casta y su Casa en Valladolid,* que otras noticias sobre los antecedentes biográficos de los antecesores del héroe vuelven confuso el estudio por "presentar contradicciones de importancia". Seguiremos el acucioso trabajo del investigador.

El libro de bautismos del sagrario de la ciudad de Morelia, anota en su página 114, con relación al inicio del año 1760 —según consta en el folio 147 del Archivo de la Casa de Morelos—, que José María Teclo nació en Valladolid el 30 de septiembre de 1765, hijo legítimo de Manuel Morelos y doña Juana Pabón, y a quien apadrinaron Lorenzo Cendejas y Cecilia Sagrero [8].

En ocasión bastante posterior [9] el citado Lorenzo Cendejas prestó juramento de haber conocido a los abuelos de don José María Morelos: Gerónimo Morelos y doña María Luisa, don José Pabón y doña María Guadalupe Estrada; "los primeros, padres de don Manuel Morelos y los segundos, de doña Juana María Guadalupe Pabón". [10]

En otros documentos fundamentales, comprendidos en el folio 106 del Archivo de la Casa de Morelos, se encuentra el dicho juramentado del testigo don Vicente Amaya, casado con Manuela Dolores Reyes, al tenor siguiente: "Que sabe y le consta que don José María Morelos es hijo lexítimo del matrimonio de don Manuel Morelos y de doña Juana Pabón." "Que dicha doña Juana María Pabón fue también hija lexítima de lexítimo matrimonio de don José Antonio Pérez Pabón y de doña María Molina de Estrada; y que aunque a ésta no conoció el declarante, sí conoció al referido don José Antonio Pérez Pabón y sabe como de público y notorio que éstos fueron casados y velados según orden de Nuestra Santa Madre Iglesia, y como tales tuvieron por su hija lexítima a la expresada doña Juana María Pabón." A este documento aparece, en iguales términos, lo asentado por el segundo testigo de dicho acto, don Ignacio Guido, viudo de doña Josefa Mercado, ambos testigos vecinos de Valladolid [11].

Sobre el tema, resulta de primerísima importancia la declaración que muchos años más tarde, el 23 de noviembre de 1815, rendirá el Generalísimo ante el Tribunal de la Inquisición en la Capital de la Nueva España; afirmó en tal ocasión que sus padres fueron don José Morelos y doña Juana Pabón; que su abuelo fue José Morelos y que no recordaba el nombre de la abuela; que sus abuelos maternos habían sido José Antonio Pabón y Guadalupe Cárdenas [12].

De todo lo anterior, concluye don José R. Benítez [13] en los siguientes puntos que se reproducen fielmente:

"1º Don Pedro Pérez Pabón, vecino y originario de Apaseo, murió el año de 1750.

"2º En su disposición testamentaria, hecha el mismo año de 1750, nombró beneficiado de una capellanía que fundó, a su hijo natural don José Antonio Pérez Pabón, también originario de Apaseo para que 'inclinándose como parece inclinarse al Estado Eclesiástico'... pudiera disfrutarla toda su vida.

"3º Para que pudiera continuar sus estudios el beneficiado 'y entre tanto se ordena de presbítero, se le aplicó como ayuda para sus estudios y alimentos el superávit en toda forma'.

"4º En 1755, el albacea testamentario solicitó para José Antonio Pérez Pabón, la 'colación' de la capellanía de la que por disposición testamentaria del fundador fue su primer capellán.

"5º En 1765, nació en Valladolid don José María Morelos y Pabón, hijo de don Manuel Morelos y doña Juana Pérez Pabón y nieto, por la rama materna, de don José Antonio Pérez Pabón y doña Juana María Estrada.

"6º En 1766 falleció viudo, en Valladolid, don Juan Antonio Pérez Pabón, siendo todavía capellán de la capellanía fundada en 1750 por su padre don Pedro Pérez Pabón.

"7º Para ser beneficiado de la Capellanía era condición indispensable estar ordenado o ser estudiante de la carrera sacerdotal; el matrimonio era causa de exclusión de los derechos sobre la capellanía, tal y como sucedió con don José Antonio Martínez Conejo, segundo capellán por fallecimiento del primero, quien perdió el beneficio al contraer matrimonio en Pátzcuaro el 20 de diciembre de 1789.

"Si tomamos en cuenta las anteriores consideraciones —continúa explicando el historiador don José R. Benítez— y tratamos de hacer una cronología de los ascendientes inmediatos del señor Morelos, encontraremos algunas contradicciones de importancia.

"En efecto, si suponemos que doña Juana Pérez Pabón se casó con don Manuel Morelos cuando sólo tenía catorce años de edad, resulta que había nacido el año de 1750, esto es, en la fecha en que falleció el fundador de la capellanía por cuya disposición testamentaria su hijo José Antonio quedó instituido primer beneficiado, y que 'inclinándose como parece inclinarse al Estado Eclesiástico, la disfrute y para que pudiera continuar sus estudios, entre tanto se ordena de presbítero, se le aplique desde luego el superávit en toda forma'.

"En 1775, época en que el albacea testamentario pedía la 'colación' de la capellanía para don José Antonio Pérez Pabón éste era bachiller en Valladolid y puesto que se hacía esta solicitud es prueba que el beneficiado continuaba estudiando para presbítero; y que se obtuvo la 'colación' no hay duda, puesto que la capellanía se consideró como usufructo de don José Antonio hasta su fallecimiento en 1776, en que se hicieron publicar los edictos de vacante.

"Que antes del citado año de 1755, don José Antonio ya se había unido a doña Juana María Molina de Estrada, es evidente, pues en caso contrario, la hija de ambos, al nacer don José María Morelos —1765— sólo habría tenido diez años de edad cuando más y por lo tanto inhábil para la concepción.

"De todo lo anterior nosotros hemos hecho las siguientes conjeturas:

"Al morir don Pedro Pérez Pabón su hijo Antonio tenía cuando menos quince años, esto es, debió haber nacido hacia 1735, pues que sólo de esta manera pudo llegar a tener nietos en 1765, a los treinta años de edad. Además, para mostrar la vocación para el estado sacerdotal 'al cual se inclinaba' también precisa que el estudiante tuviera una edad aproximada a la que le hemos supuesto.

"Para que su hija doña Juana Pérez Pabón se hubiera podido casar en 1765 o poco antes, como ya lo dijimos era necesario que hubiera nacido cuando menos catorce años antes, de donde resulta que don José Antonio Pérez Pabón se unió a doña Juana Molina de Estrada, muy poco antes, o muy poco después de la muerte de su padre don Pedro.

"En el primer caso el testador murió ignorando la ilegítima unión de su hijo, puesto que le nombró beneficiario de la capellanía que fundaba para que la disfrutara dentro del estado eclesiástico. En el segundo caso, don José Antonio Pérez Pabón guardó el secreto de unión ilícita y continuó su bachillerato por lo que encaminaba al presbiterado, alargándolo todo lo posible para no llegar siquiera al subdiaconado.

"Los testigos que en diferentes ocasiones y con diferentes motivos fueron presentados por el señor Morelos para actos testimoniales, aseveraron que su abuela había sido María Guadalupe Estrada, según unos; y doña Juana María Molina de Estrada, según otros.

"El tercero de los testigos que en una ocasión presentó el señor Morelos, dijo que no había conocido a la señora Molina de Estrada y que su conocimiento de don José Antonio se había originado cuando éste ya estaba viudo; y por último, en las declaraciones que rindió el Generalísimo en el Tribunal de la Inquisición en México, al contestar el interrogatorio referente a sus antepasados, con toda precisión citó el nombre del abuelo materno, pero del de la abuela dijo que le parecía se llamaba Guadalupe Cárdenas.

"Estas declaraciones nos llevan al terreno en que puede suponerse que doña María Guadalupe Estrada o Juana María Molina de Estrada, no fue una persona cuyo nombre se mencionaba con frecuencia en familia, puesto que el señor Morelos que siempre demostró tener buena memoria, no se acordaba ni del patronímico ni del de pila que llevó su abuela; y si a esto agregamos que don José Antonio fue conocido por uno de los testigos en Valladolid cuando ya estaba viudo, y que en ningún papel salido de sus manos ni de las de su hija y su nieto, se menciona a la señora Molina de Estrada, creemos acertar suponiendo que doña Juana fue hija natural del señor José Antonio Pérez Pabón; que esta hija debió de haber nacido, cuando muy tarde en 1750, fecha de la muerte de don Pedro Pérez Pabón, su abuelo; que la señora Molina de Estrada murió antes de 1755, fecha en que se pidió la 'colación' de la capellanía, época en que ya 'tenía' —don José Antonio— 'en su poder y conocía y trataba por su hija a doña Juana —cuando vivía en Valladolid— siendo viudo'; estado que no le impedía ser beneficiado de la cepallanía que fundó su padre, y que por último, llevado a la pobreza por causa de los malos manejos del albacea testamentario, para subvenir a sus necesidades y a las de su hija, dado que los réditos de la capellanía sólo producían 11.60 de los cuales tenía obligación de cubrir cuarenta misas anuales por el ánima de su padre, se dedicó a la pedagogía, enseñando a niños pobres de Valladolid [14] en donde, como, se dijo, murió el año de 1776.

"Don José Antonio Pérez Pabón, fue un hombre lleno de piedad para con los suyos y amó a su hija Juana como buen padre."

Por lo que ve a la biografía de doña Juana, madre del Generalísimo, según se ha dicho debió nacer hacia 1750, fecha del fallecimiento del abuelo Pedro Pérez Pabón.

El padre de doña Juana, don José Antonio Pérez Pabón, era de Apaseo y también su madre doña Juana María Molina de Estrada.

Diversos historiadores e investigadores se inclinan a suponer que doña Juana María Pérez Pabón nació en Valladolid y no en Apaseo. Debió de ser una de las más aventajadas discípulas de su padre según testimonian los documentos caligráficos de su propia mano. Tal preparación fue desde luego bastante superior a la del esposo, "artesano que en su pueblo natal no dispuso de más elementos para su instrucción que los que le permitieron ser un 'Menestral en el oficio de carpintero' ", según declaraciones del hijo años más tarde [15].

Don Manuel Morelos y doña Juana Pabón habían nacido en Zindurio, humilde pueblo del poniente de Morelia [16]. Quizá por imperativos de trabajo, don Manuel pasó más tarde a radicarse en Valladolid. Los conocimientos, la dedicación, la sensibilidad intelectual de doña Juana, influirían sin duda en el pensamiento y las aspiraciones y preferencias del hijo al correr del tiempo. A su amparo transcurrió obviamente su niñez y de su fecunda influencia maternal podrían observarse resultados intelectuales y aun las modalidades de su sensibilidad moral. Morelos no fue el arriero ignorante que la mayor parte de los historiadores han supuesto al incidir sobre el tema copiándose unos a otros sin recato ni mayor investigación [17], según se demostrará en líneas posteriores.

Del matrimonio Pérez-Pabón resultarían varios hijos. En el año 1765 nació José María. En 1776 nació María Antonia. Y quizá con unos once años de diferencia entre ellos, nació Nicolás cuyo rastro históricamente aparece confuso [18].

Don Manuel Morelos se trasladó con posterioridad a San Luis Potosí dedicándose a su trabajo habitual, posiblemente por algunas dificultades familiares [19]. Doña Juana hizo frente a tal situación con los mayores sacrificios y no se doblegó en esa lucha, debatiéndose en la mayor miseria. Carecía de todo bien [20]. Tanto en aquel lapso de su separación del esposo como en los años de viudez que fueron de amargura y privaciones [21], doña Juana vivió en el más cruel esfuerzo por sostener los estudios de José María [22].

> "En 1795 vivía dentro de la mayor pobreza al lado de su hija Antonia y sosteniendo mediante enormes esfuerzos a José María que a la sazón hacía su bachillerato, habitando una casa en la primera cuadra de la calle de Mira al Llano", casa colindante "o la inmediata al sur de la que fue Academia de Niñas —hoy Museo Michoacano— en la calle actual de Abasolo" [23].

II. DE LA NIÑEZ AL CURATO DE CARÁCUARO

"Yo tiemblo al figurarme los horrores de la guerra, pero aun me estremezco más al considerar los de la anarquía."

El día 30 de septiembre de 1765 nació José María Morelos y Pavón [24] en la ciudad de Valladolid (Morelia), meseta de natural belleza del Valle de Guayanguereo en Michoacán. Advino en una casa ubicada en la calle que sigue a la Capilla del Prendimiento, solar que primitivamente fuera el Noviciado de San Agustín [25]. Con el mayor gozo, todavía lo conoció el abuelo materno, quien fallecería en 1776.

Nacimiento sin signos. Acontecimiento común de ese tiempo. Venía a ser un hijo más de la clase humilde. A los cuatro días de nacido, el niño era presentado en el Sagrario de la Catedral de Valladolid, a media tarde: era el día dedicado a San Francisco de Asís que atraía a una enorme cantidad de fieles en el templo. El bachiller teniente de cura, don Francisco Gutiérrez de Robles escribió el acta del bautizo que quedó comprendida en "el folio 114 del libro forrado de badana encarnada que para las partidas de bautismo de españoles se había abierto en enero de 1760" [26]. Allí se dijo: "Exorcisé solemnemente, puse óleo, bauticé y puse crisma a un infante que nació el día 30 de septiembre y a quien puse por nombre José María Teclo Morelos y Pavón, hijo legítimo de Manuel Morelos y de Juana Pavón, españoles. Fueron padrinos Lorenzo A. Cendejas y Cecilia Sagrero."

El recién nacido, de quien eran señalados como "españoles" los padres ante la fe notarial de la iglesia, era seguramente mestizo, pero de ningún modo tenía ascendencia mulata y mucho menos negroide, como la fantasía y escasa investigación de algunos historiadores asentaran [27]. "Harto sabido es que en la Colonia se practicó sin recato la discriminación social y racial: consignar en los registros y papeles públicos que un individuo tenía mezcla, era cerrarse muchas puertas", dice Lemoine Villicaña [28]. Y es obvio lo justo de tal observación.

Desde sus primeros años hasta cumplidos los catorce, José María moldeó sus preferencias y debió su educación al cuidado y la vigilante generosidad de su madre, doña Juana. Sus primeras letras, sus disciplinas, el rumbo de sus simpatías y el camino de sus sentimientos fueron fruto de la dirección maternal. En el hijo volcaba doña Juana esa educación que a su vez había recibido con creces del maestro que fuera el abuelo materno. Desde la preferencia que por la agricultura demostraría Morelos en su vida posterior de adulto, hasta sus lícitas ambiciones en orden a la cultura superior de su tiempo, todo se derivó del tierno amparo maternal en catorce años de diaria orientación. Hasta el cariño y el culto que por Valladolid sintiera Morelos, su admiración por su arquitectura, su profunda delectación por templos y patios y callejas y costumbres michoacanas, todo reflejaba el espíritu de Juana Pavón.

Formado y moldeado así su carácter hasta el inicio de la primera juventud, contribuyeron a su temple las pobrezas, sacrificios y privaciones familiares que por causas ya señaladas hicieron de doña Juana un testimonio vivo y admirable de heroica lucha por sobrevivir en el medio raquítico de su clase social y en las estrecheces naturales de la provincia colonial.

Sin perjuicio de su natural generoso, tal situación de urgencias y ayunos constituyó en José María la esencia de su energía interior, su poder de resistencia, su firme afán de superación, su apego por la cultura que era la única forma de evadir el medio hostil que lo ahogaba y, con él, a su familia.

Él mismo afirmaría que "nació en Valladolid y se mantuvo hasta la edad de catorce años y que de allí pasó a Apatzingán, y que allí estuvo once años de labrador, de donde volvió a Valladolid" [29]. De 1779 a 1790 prestó servicios en una hacienda de Apatzingán, es decir, se asentó allí en el desempeño de trabajos rurales, mas no fue un arriero ni trabajó en el acarreo de animales de labranza o de materiales de una población a otra, como han gustado de afirmar multitud de historiadores que en tal forma transmiten una visión deformada, torpemente falsa, del joven José María. De los catorce a los veinticinco años de edad fue a radicar en Tahuejo, y tal etapa moldeó definitivamente su carácter.

Respecto al camino que media entre las poblaciones de Uruapan y Apatzingán, se hablaría con elogio por las tierras "propicias a la cría de ganado del rancho de Tahuejillo", no así de las de Tahuejo que "eran muy susceptibles de alguna escasísima cultura de caña". Suponen los comentaristas [30] que Morelos añoró la belleza de la colonial ciudad de la cantera rosada o veteada, los patios virreinales, el dulce encanto de Valladolid, y aun la tierna hermosura provincial de Uruapan: quizá sí, quizá no, lo cierto es que aquel medio de la tierra caliente, la áspera dureza del paisaje de barrancas y rocas, la tristeza del medio y la difícil tarea

de su trabajo rústico no fueron su desánimo, su escepticismo o vencimiento sino que acrecentaron en él la voluntad de superación, el afán de saber, fueron sus años de decisión. Cultivaba la tierra, ciertamente, mas no descuidaba su espíritu: a la luz de una vela repasaba lecciones y libros, se prolongaba hasta él la influencia protectora y bienhechora de su madre. Cuando retornó a Valladolid en 1790, Morelos había decidido cursar la carrera sacerdotal. Su rumbo era el Colegio de San Nicolás, y más allá el Seminario Tridentino. Para los años de estudio no lo doblegaría la pobreza, lo estimularía.

En la vida de Morelos podrá observarse que todo era resultado de un madurado juicio, sus actos estaban regidos por la inteligencia, y aun sobre sus sentimientos privaba la razón. Sorprendente antítesis de quien había llegado a la vida casi de improviso, anticipándose a la previsión de la madre, pues consigna la historia [31] que "hacia las últimas horas de la tarde del 30 de septiembre de 1765, doña Juana de Pérez Pavón salió de su casa situada en la cuadra siguiente de la calle del Prendimiento [32] y habiéndole sorprendido el alumbramiento, apenas tuvo tiempo de entrar en la casa que está en la esquina que forman las calles de Alhóndiga y Alacranes que hoy conocemos por Corregidora y García Obeso, que fue construida —según J. Álvarez Gasca— hacia el año de 1650 en el solar del noviciado de San Agustín y que, demolida en 1888, sólo gracias a una epigrafía colocada en el edificio actual, en el muro que mira al oriente, podemos identificar como aquella en que vio la primera luz, en la entonces Valladolid y hoy Morelia, quien 50 años más tarde, el 22 de diciembre de 1815, terminaría su admirable vida de luchador, de caudillo y de héroe, en el cadalso realista de San Cristóbal Ecatepec".

José María tuvo dos hermanos carnales, Nicolás y Antonia, uno nacido en 1770, la otra en 1776. Fallecido en 1776 el abuelo Juan Antonio Pérez Pavón —según se ha dicho—, y emigrado a San Luis Potosí el padre de José María, sobrevino una grave situación económica en el hogar de doña Juana quien abandonada a sus propias fuerzas tenía que luchar por los hijos. Tal cuadro de pobreza y sacrificios marcó la primera infancia de Morelos. Esto explica que a los catorce años de edad saliera a la hacienda de Tauexo y allí permaneciera durante once años más, es decir, en 1790 regresa a Valladolid e ingresa al colegio de San Nicolás Obispo.

La referida estancia en Tauexo, como apuntamos en líneas anteriores, establece por voz del propio Morelos una importante rectificación a la mayoría de los escritores del XIX que se han ocupado de él señalándolo como "arriero y con una vida errante" [33]. En un ocurso que elevaría Morelos [34] a la diócesis de Michoacán, todo escrito de su puño y letra (y a tiempo de ser) capense de Teología Escolástica y Moral en el Seminario Tridentino de Valladolid, solicitaba su admisión a la subdiaconía; en dicho documento irrecusable expresa con toda claridad que sólo había residido en Valladolid y once años en la hacienda de Tauexo (Tehuejo) de la jurisdicción de Apatzingán, de donde resulta que "la vida errante que se le ha atribuido al caudillo de la Independencia es una simple fantasía" [35].

Suponemos que sólo por desaprensión para opinar, los referidos historiadores tomaron en un sentido lato la expresión de Morelos (camino a Ecatepec, en diciembre de 1815) cuando dijo: "Nací en la ciudad [de Valladolid], pero desde niño tuve una vida errante, pocas veces he permanecido en Valladolid." Tal referencia a una "vida errante" (que no significaba ser "arierro", "atajador", ni conductor de recuas, ciertamente), era una lógica referencia a la estancia en Tehuejo, luego en Uruapan, sus viajes a Valladolid por ventilar la capellanía, y más tarde sus servicios en Nocupétaro, y su traslado a Valladolid diversas ocasiones por atender la casa que allí estaba construyendo [36].

Volvamos a esos años de su primera juventud. José María debió las primeras letras a su madre doña Juana. Ella despertó en él su curiosidad y su afán de saber. Es dudoso que años más tarde se hubiera procurado Morelos "una gramática de Nebrija" [37]. Menos pudo solicitarla a su inexistente tío Felipe Morelos [38]. Con las luces de cultura debidas a su madre, Morelos leyó y estudió cuanto —que el medio otorgaba a duras penas— podía caer en sus manos. Pero hasta en ello, como autodidacto elemental, estableció un orden: no leía por placer sino por aprender. Las primeras horas de la noche, los obligados descansos del mediodía en la tierra caliente, alguna hora de sus atardeceres, dieron a Morelos oportunidad de repasar, insistir, conocer en los libros cuanto ignoraba. Así fue empleando su inteligencia en prepararse para superar quizá, algún día, al medio hostil que lo oprimía. Es bien probable que de Valladolid hubiera traído ya la citada gramática de Nebrija, y algunos otros libros, pues al iniciar sus estudios daría muestras de una preparación general, hecho que la historia recogió y que señalaremos adelante al mencionar las fuentes de información. Como se verá, el trabajo rústico de la hacienda permitió esas horas de estudio que, los supuestos apremios de la arriería, no le hubieran concedido.

Testimonio de esa capacidad intelectual y, en todo caso, de su preparación en el año 1790 en que Morelos ingresa al Colegio de San Nicolás, no sólo es el expediente [39] que señala tales hechos. "Una de las pruebas de que el señor Morelos, al iniciar sus estudios sacerdotales en Valladolid, en 1790, ya tenía un caudal de ilustración muy por encima de todos los caudales de todos los arrieros de la Nueva España juntos, es el certificado [40] que nos tocó en suerte conocer y que es del tenor siguiente:

> "El br. Dn. Jacinto Mariano Moreno, cathedrático de Latinidad en el Rl y Primitivo Colegio de Sn. Nicolás Obispo por el muy Illtre. Sor Dean y Cabildo de esta Sta. Iglesia Cathedral de Valladolid §§ Certifico y juro tacto pectore et in vervo Sacerdotis, como D. Joseph María Morelos ha cursado bajo mi dirección las Clases de Mínimos y Menores en las que ha procedido con tanto juicio e irreprehensibles costumbres que jamás fue acreedor que usase con él de castigo alguno, y por otra parte desempeñado el cargo de Decurion con tan particular aplicación que por ésta consiguió verse sobre exaltado casi a todos sus demás condiscípulos, que en atención a su aprovechamiento y recto proceder tuve a bien conferirle en consequencia de todos sus referidos méritos que fuese premiado con última oposición de mérito en la Aula Gral. con la que se observa premiar a los alumnos de esta Clase la que desempeñó con universal aplauso de todos los asistentes, y para que conste doy la presente a pedimento del enunciado para los efectos que le conbengan en dicha ciudad a veinte y quatro de Agosto de mil setecientos noventa y uno.—Br. Jacinto Mariano Moreno, Rúbrica."

Como se observa, Morelos hizo en un solo año los cursos de Mínimos y Menores. A favor de su preparación se le honró permitiéndole ayudar como decurión a sus maestros. Asimismo aventajó a todos sus compañeros de aulas. Con tal preparación que acusaba un singular talento y disciplinas, rebasó al Colegio de San Nicolás Obispo.

Cosechaban triunfos, en la lejanía, los esfuerzos educativos del abuelo y de doña Juana, la madre abnegada. No habían caído en el vacío las horas de descanso que José María tuvo a su alcance en la hacienda de Tehuejo: entre las labores agrícolas y los libros corrieron esos años, y no es dudoso que en ese mismo lapso fuera adquiriendo, en contacto con la tierra y la gente del campo ese agudo conocimiento de los hombres y ese hondo apego a la tierra que amó dramáticamente y de la que pensaría, años después, que debía ser transformada para hacer de ella un sitio adecuado para vivir con dignidad. En la lentitud de esos años de Tehuejo fue forjándose, indudablemente, ese estado de ánimo que lo llevaba a considerar —entre la teología y los libros, entre la religión y la moral, entre la oración y la realidad dura y áspera— un concepto, para entonces todavía vago, de la justicia social.

Fruto de su carácter y del ejemplo y enseñanzas recibidos, Morelos mantuvo su decisión y disciplinas a favor de la cultura, en la que veía, por añadidura, su única salida del medio de apremio que le había tocado en la vida. De San Nicolás Obispo al Seminario Tridentino, dio muestras del invariable apego a la enseñanza, del tesón en el estudio, del cariño por sus obligaciones de estudiante. De ello da pruebas el documento que se transcribe a continuación.

> "El Lic. D. Jph. María Pisa, Cathedrático de Theología Moral en el Seminario Tridentino de esta Capilla [Valladolid], Certifico en qto. puedo, debo y el Dro. me permite que Dn. Jph. Morelos, al punto que acabó sus cursos de filosofía, en que sacó PRIMER LUGAR, pasó al día siguiente qe. fue nueve de marzo del año corriente, a cursar la cathedra de theologa Moral de mi cargo de la qe. se ha separado sino pa. pasar a recibir pr. la Universidad de México el grado de Bachiller en Artes qe. efectivamente recibió; y volvió a dicha mi clase de Moral al cabo puntual de veinte y tantos días, y en quanto siguió asistiendo a ella, no ha hecho falta alguna antes bien cursa juntamente la Theologa, Escolástica, se porta con formalidad, es mozo de Esperanza, y ha cumplido con las comuniones Sacramentales de regla. Y para que así todo conste donde le convenga doi esta, a pedimento suyo, y la firmo en el mismo Colegio Semino. de Valladolid a cinco de Noviembre de mil setecientos noventa y cinco años. Entre renglones. En Artes. Cale.—Licdo. Jph. María Pesa. Rubricado."

Pasaron dos meses. En enero de 1796, el párroco de Uruapan ofreció a Morelos que se integrara a su curato como maestro de Gramática y Retórica. Morelos el diácono, afligido en su situación económica, se dirigió a Uruapan. Comenzaba su "vida errante". Allí Morelos sustentó la cátedra citada, pero asimismo y de modo espontáneo enseñó a leer y a escribir a los niños indígenas que reunía por las tardes diariamente, en el pequeño solar entre los árboles [41].

Otro honroso certificado obtuvo Morelos en esas fechas. El 10 de agosto de 1797 y por virtud de requerirlo para obtener el presbiterado, le fue otorgado a Morelos por el Cura de Uruapan un documento que, entre otras cosas, asienta: "Clérigo Diácono [Morelos] de este Obispado, se halla Desempeñando en este pueblo a Título de Preceptor de Gramática y Rhetórica, presentando en estos días a pública oposición, tres Niños qe. ya pueden estudiar Filosofía y otros dos qe. pasan a estudiar Medianos y Mayores Sin dejar pr. esta vien empleada atención, el Estudio de Materias Morales..." [42]

De esa suerte, empleando su tiempo en el cumplimiento de sus deberes y en favorecer con sus luces a la niñez indígena, Morelos alcanzó el presbiterado el 21 de diciembre de 1797. Treinta días después aproximadamente, el obispo de Valladolid, fray Antonio de San Miguel, designaba a José María cura interino de Churumuco, cargo que empezó a desempeñar en marzo del citado año "con increíble gozo [regocijo porque el obispo] se digna elegir pequeños para empresas grandes; y aunque no me hallo suficiente para desempeñar tan grave cargo..." [43]

Para entonces, la capellanía de don Pedro Pérez Pavón que con tanto celo había litigado doña Juana en favor de su hijo, ya se había fallado en contra de los Morelos. Esto decidió a doña Juana Pavón a abandonar Valladolid y a trasladarse, con su hija Antonia, a la modesta casa destinada al párroco don José María en el pueblo de Churumuco.

El curato que se menciona estaba compuesto por La Huacana, una aldea miserable que fundaran los abnegados catequizadores agustinos antes del año 1567 [44]: la catástrofe del Jorullo, de 29 de febrero de 1759, la había borrado propiamente del mapa. Asimismo, el curato se integraba con el poblado de Churumuco, viejo mineral de cobre, productos que las recuas llevaban a Santa Clara y Ario, lugares en que se fundían y trabajaban. Finalmente, otro pueblo que correspondía al curato era Tamácuaro —refugio de los despavoridos ex pobladores de La Huacana—, y completaba el mapa de Churumuco. Aquí residió Morelos por órdenes de la superioridad eclesiástica. Allí permaneció hasta el mes de abril de 1799.

El inclemente clima de Churumuco, lo primitivo de las costumbres en orden a los alimentos esenciales, las privaciones a que tuvieron que hacer frente José María y sus familiares, minaron la salud de suyo precaria de doña Juana Pavón y determinaron su fallecimiento. Lo había seguido hasta el límite de sus fuerzas, le brindó su ayuda y su luz hasta los últimos momentos; lección de ternura y silenciosa abnegación, ésa fue la vida de la madre.

A fines de diciembre de 1798, tanto la madre como la hermana de Morelos enfermaron gravemente. Acentuado su estado de alarmantes augurios, José María optó por enviarlas a Valladolid para que fueran atendidas de urgencia en forma adecuada. Al principiar enero del 79 iniciaron el traslado. Fue preciso detenerse en Pátzcuaro por la gravedad de doña Juana. Allí murió el día 5 de enero, atendida por su pariente don José Antonio Martínez Conejo.

Con humilde sencillez fue bajado el cuerpo de doña Juana al sepulcro, en el templo de la Salud o Colegiata de Pátzcuaro. De aquel suceso quedarían misivas de Antonio Conejo a don José María y relación de gastos de Fr. Juan Quintanar [45], los funerales de aquella gran matrona habían alcanzado la cifra de gastos, según documentos, de ciento sesenta y siete pesos y medio reales, suma que mandó cubrir Morelos hasta por ciento sesenta, pues quedó adeudando la escasa diferencia. Más de un siglo después, el año 1910, a piadosa moción de don Rafael Nambo se mandaría restaurar la tumba de la insigne mujer, rescatando así en algún sentido su memoria del olvido y la incuria que la cubrieron durante el siglo XIX.

En abril de 1799, don José María pasó a encargarse del curato de Carácuaro y Nocupétaro. Pueblos tarascos miserables, aldeas catequizadas por los agustinos a principios de la dominación. Industria pecuaria, sal de las cercanías del pueblecito de Acuyo. Feligresía, ésta, reducida y muy pobre: 500 habitantes en Carácuaro, 120 en Nocupétaro. Por tasación, el párroco alcanzaba seis y medio reales diarios, "más el sostenimiento de un muchacho mandadero, un mozo caballerizo y una mujer para que moliera nixtamal".

Visto lo miserable de los ingresos, Morelos procuró, en esos años, realizar algunas transacciones comerciales muy modestas que le permitieron construir la casita de Valladolid, sobre el callejón de Celio, después llamado 5ª Calle de Matamoros, y denominada hoy Calle de Jiménez. El propósito fue favorecer a su hermana brindándole tal propiedad. "Había mandado fabricar una casa en aquella ciudad paulatinamente —dicen los historiadores— [46] y según adquiría con escasez algún dinerillo, regenteando el mismo Morelos las obras." "Cuando adquirió la casa el señor Morelos [47] era de un solo piso, pero después reedificó la planta baja y construyó la alta." La casa fue edificada el año de 1758 [48]. Morelos la adquirió el 17 de agosto de 1801, en la cantidad de mil ochocientos treinta pesos [49]. "El precio de adquisición —dicen con cierta gracia inocente los comentaristas— fue a razón de siete reales la vara cuadrada".

"La tradición nos cuenta —escribe José R. Benítez— cómo el caudillo dirigió la iglesia de Nocupétaro, personalmente, trabajando en la construcción de la espadaña, y cómo también personalmente labró el púlpito de su curato. Pero si eso no fuera suficiente prueba de su habilidad como constructor, hay documentos que nos refieren que tomaba por su cuenta obras de cierta importancia, por contrato, para obtener utilidades materiales.

"El 5 de diciembre de 1803 —añade Benítez—, en una carta que de Nocupétaro escribió a don Miguel Cervantes, su confidente y hermano político, le dice: 'Llegué a ésta sin novedad; pero sí la hallé en Canario —hacienda del municipio de Carácuaro con 236 habitantes— que me salieron conqe. no pagan las mejoras de la Hcda. que iba a Fabricar, por lo que puede ser que no siga esta obra; y de consiguiente se ha suspendido la suministración de reales.'

"Como se ve —finaliza Benítez—, el cura pueblerino, que no contaba con más auxilios de su feligresía que los ochenta y un centavos diarios de obvención, cantidad prohibitiva de todo ahorro, además de sus negocios de comercio para los que tenía gran vocación, como lo vimos antes, se dedicó a otra actividad, la de la construcción que aparte de ayudarle a aumentar sus economías, lo preparaba para poner en práctica los conocimientos adquiridos, como lo demostró en la construcción de su casa de Valladolid, que puede considerarse como modelo dentro de su época."

III. LA REVOLUCIÓN Y LA PRIMERA CAMPAÑA

"Creí más útil para la Patria prestar mis servicios a la revolución que permanecer en el curato."

EN LOS años que anteceden al de 1810, Morelos asumía las características físicas que, un tanto alteradas más tarde por las campañas y las fatigas a que sus dolores no eran ajenos, pudo observar el artista Rodríguez [50] en la diligencia de "cala y cata", cuando modelara un retrato en cera del héroe durante su encarcelamiento en la Ciudadela, a los cincuenta y un años de edad. Durante su gestión en Carácuaro y Nucupétaro lo vieron sus feligreses "grueso de cuerpo y cara, con una estatura poco menor de cinco pies y robusto, a pesar de las enfermedades que lo aquejaron; las facciones, duras y enérgicas, que no se alteraban ni en los trances más difíciles ni dejaban traslucir sus pensamientos ni sus emociones; la mirada, fija y sombría, y el entrecejo, ceñudo; la nariz, marcada por el golpe que recibió una vez contra un árbol, persiguiendo a un toro, durante su vida de campesino; color atenazado y pelo negro; un lunar cerca de la oreja, y todo el conjunto poco marcial. Pocas veces llegó a abandonar su indumentaria eclesiástica."

Otra es la visión que se desprende de la pintura al óleo en gran tamaño que ha sido adoptada para uso oficial en México. En ella [51] aparece Morelos de pie, vistiendo ropas talares al estilo de la época; a su derecha se ve una mesa color café con algunos pergaminos enrollados y unos papeles sueltos con un sello en los extremos. Su mano izquierda ligeramente levantada a la altura del pecho está tocando la ropa entreabierta; en la derecha que cae con soltura, sus dedos aprisionan probablemente los originales escritos a mano de los *Sentimientos de la Nación,* se ve al calce la firma inconfundible de Morelos. Sobre un fondo sepia desleído destaca el atuendo negro del sacerdote. La noble cabeza se ve tocada de aquel famoso paliacate de seda blanca que aliviaba sus dolores. Sobresale un poco su cabello oscuro sobre las sienes, al filo de la mascada. No es "sombría" la mirada como apunta Teja Zabre; los ojos de vivo color café aparecen llenos de luz interior, mirada de visionario. A nuestro entender, su vista refleja un sentido místico —gran político realista, nunca dejó de ser un místico de la revolución de Independencia—. Bajo las cejas casi pobladas, esa mirada suya tiene una penetración dramática y atormentada. Despejada y amplia la frente, casi tersa, luminosa. Recta la nariz, proporcionada, no aguileña. Gruesos los labios, pero mesurados. Coloreado el rostro moreno muy claro, casi a la manera de los pintores españoles e italianos de fines del XVIII. Con igual claridad destacan las manos cuidadas de modo natural, llenas, de hombre criollo. Quizá esta pintura diste un poco de aquella realidad y del mestizo que fue el héroe; quizá sea mayor la fidelidad de la reproducción hecha en Oaxaca durante sus campañas; lo cierto es que este óleo reviste un señorío y una belleza extraordinarias. Tentativamente, así fue visto Morelos antes de 1810.

Es poco probable que a manos del cura Morelos hubieran llegado por ese tiempo los textos de los enciclopedistas franceses en que se incubara la gran revolución del otro lado del Atlántico; textos que, por otra parte, eran conocidos por quien sería uno de los altos ideólogos al lado del sacerdote de Carácuaro: don Andrés Quintana Roo. Morelos, en cambio, recibía noticias del descontento popular en la Nueva España y observaba con ira creciente y con sumo detenimiento la injusticia social que lo rodeaba. Su viejo cariño por los desposeídos y los humildes y en general por los indios, constituía el impulso motriz de su conducta. Es dable suponer que, en su interior, Morelos no luchó entre sus deberes sacerdotales y su ideal republicano, sino que consideró a éste como un corolario moral de la fe que profesaba. En sus dudas y en su dramática resolución, Morelos no se comportó ciertamente como un católico, pero sí es inconcuso que se comportó como un cristiano. Éste era su concepto de la justicia social, más allá del dogma, de la verdad ligada a un sistema político-social en franca descomposición. Para la moral advenediza de aquel tiempo, tal actitud limpiamente cristiana debía ser reprobada como cismática. Hidalgo, Morelos, Matamoros, salidos de la oscuridad de sus curatos para abanderar la Independencia, resultarían unos réprobos para la "inteligencia" oficial y para aquel orden de cosas injusto que se ejercía y compartía desde las tres columnas que sostenían los vicios de tres siglos: una monarquía prostituida, un clero corrompido, un ejército esclavista.

La Guerra de Independencia, desde sus orígenes hasta sus mínimas manifestaciones y su consumación, no fue como quería Bulnes [52] "el símbolo dogmático de una democracia agresiva e intolerante", sino el resultado lógico de la desesperación popular que veía en su autodeterminación la fórmula de un destino mejor al amparo de su esperanza y que consideraba a las tres grandes fuerzas en que se apoyaba la tiranía, como los verdugos de la aspiración nacional y los responsables de un orden de cosas envejecido y moribundo.

Toda una generación de americanos, desde el Río Bravo hasta Chile, participó de aquella inquietud y se echó a cuestas la responsabilidad de realizar la libertad. En tal sentido, México no era una isla; participaba del incendio continental. El panorama de América era halagador para la revolución [53]. Además de la fecunda experiencia norteamericana del siglo anterior, ya el 24 de mayo de 1810 el Cabildo de Buenos Aires había establecido la Junta Gubernativa con americanos, en sustitución del Virrey, y había enarbolado la bandera azul y blanca. Los patriotas de la Nueva Granada lograban la autonomía nacional la noche del 20 de julio en medio de aclamaciones populares. El 16 de septiembre, Miguel Hidalgo, con Ignacio Allende, levantaba a los pueblos de la Nueva España contra el gobierno virreinal. El 18 del citado septiembre del año 10, los liberales de Santiago de Chile establecían la Junta Gubernativa y nombraban presidente a Juan Martínez de Rosas. Un año antes, el 25 de mayo de 1809, se había alzado en Charcas, para gloria del Perú, la primera voz en favor de la independencia americana. Miranda y con él Bolívar, conspiraban en Venezuela: el Congreso de Patriotas proclamaría la república el 5 de julio de 1811. Allá a lo lejos avanzaba Sucre, por otro extremo, San Martín. Era la cauda de los libertadores, generación de excepción. Allí estaría Morelos, con su Constitución, sus campañas y su genio.

Un niño de siete años acompañaba a Morelos en sus horas de meditación y de duda: era su hijo Juan Nepomuceno Almonte, nacido en Carácuaro el 15 de mayo de 1803, hijo de Brígida Almonte [54] y de quien no se separaría "hasta que lo envió a los Estados Unidos para su educación". Morelos lo llamaba "su adivino" y sentía por él una gran ternura [55].

En los primeros días de octubre del año 10, el cura de Carácuaro tuvo noticias de la conspiración y los planes de don Miguel Hidalgo "y pudo ver pasar a los españoles que huían de Valladolid y de Pátzcuaro al aproximarse los insurgentes". Salió de su curato para Valladolid [56] a investigar la causa y situación del movimiento que se iniciba, y al confirmar que la rebelión era acaudillada por su antiguo maestro, desoyó los consejos que pretendieron disuadirlo y salió en busca de las tropas insurgentes, hasta encontrarlas en Indaparapeo.

El día 19 de octubre abandonó Carácuaro en la madrugada. Unos arrieros le informaron haber visto las tropas de Hidalgo que se encaminaban hacia la capital del Virreinato. Cerca de cien kilómetros tenía que recorrer Morelos para dar alcance al señor Hidalgo. Cruzó Tacámbaro y alcanzó a Hidalgo en el pueblecito de Charo. El Libertador pidió aplazar la entrevista para el siguiente día: ambos estaban rendidos por el cansancio de esa jornada, aunque mucho menos Morelos que era un gran jinete. Reiniciaron la marcha el día 20 y llegaron a Indaparapeo. Compartieron la comida el señor Hidalgo, el señor Morelos, don Ignacio Allende y el doctor Castañeda. A los postres, Hidalgo tomó del brazo a Morelos y se alejó unos pasos, para hablar con él. Algunos soldados que presenciaban todo esto, pensaban a la vista de la humilde presencia y ropas de Morelos, que éste, a lo sumo, sería su nuevo capellán.

—¿De modo, padre, que lo tiene usted resuelto?—, preguntaba el señor Hidalgo.

—Sí, señor [57].

—¿Y está usted decidido a cambiar su vida tranquila por nuestras aventuras? —insistía el Libertador.

—Lo he pensado bien—, contestó Morelos. —Creo poder ser útil como capellán del ejército. Pensé además, allá en mi soledad, construir un fortincito de mi curato, hacer de él un punto de defensa. Ahora, después de lo que usted me ha dicho, creo firmemente en la verdad y en la justicia de este movimiento. Creo que todos los americanos debemos aprovechar la coyuntura de que el legítimo rey de España esté ausente, preso por Bonaparte, para lograr que México sea independiente y libre. Nada hay más valioso que la libertad y todo sacrificio es poco para conseguirla. He soñado tanto en secundarlo a usted; tal vez, si me fuera posible, formar también un ejército y combatir... ¡pero veo mi ignorancia en todo! ¡Sin embargo, mi voluntad es grande, y estoy decidido!

La energía, la decisión, la voz firme y segura con que pronunciaba tales frases, acusaban su gran carácter. La mirada completaba la expresión a que hacía marco "su vigorosa mandíbula inferior, redondeada y desafiante".

El señor Hidalgo lo escuchaba y lo observaba con esa tranquila profundidad bondadosa que caracterizó su mirada verde. Tenía el mesurado gesto de ensoñación tan comentado por sus cronistas.

Terminaba la entrevista con una frase en que el señor Hidalgo trazó el porvenir de Morelos:

—Padre, me parece que mejor ha de ser usted un general que un capellán—. Morelos esbozó con modestia una sonrisa de satisfacción.

Corolario de la histórica entrevista fue el documento [58] que don Miguel Hidalgo, Generalísimo de América, extendió en favor del señor Don José María Morelos: "Por el presente comisiono en toda forma a mi lugarteniente el Br. D. José María Morelos, cura de Carácuaro, para que en la costa del Sur levante tropas, procediendo con arreglo a las instrucciones verbales que le he comunicado."

El propio señor Morelos haría mención de dicho nombramiento [59] en la comunicación dirigida a don Ramón Aguilar, de la Mitra de Valladolid, al solicitarle permiso para abandonar el curato de Carácuaro, con fecha 21 de octubre del año 10, "por comisión del Excmo. Sr. D. Miguel Hidalgo, fechada ayer tarde en Indaparapeo [por la que] me paso con violencia a correr las tierras calientes del Sud". Esa nota aparece fechada en Valladolid.

Para sustituir a Morelos en el cargo, la Mitra designó a D. José María Méndez. El gesto desudado del ilustre patriota respondía a su invariable apego a la disciplina, a la responsabilidad que como encargado del curato tenía y a sus deberes morales, no de otra suerte se explica que antes de partir al desempeño de "la comisión dada por el señor Hidalgo" se hubiera preocupado por hacer designar a su sucesor, exponiéndose, asimismo, a ser aprehendido por las autoridades al explicar, bajo su firma, que militaba ya en las filas de la insurrección. Esto último daba idea, desde luego, de su temple y su valor civil. Por fortuna para Morelos, los funcionarios eclesiásticos a quienes recurrió simpatizaban, por lo menos, con la causa incipiente de la Independencia. Tal era el caso del Conde de Sierra Gorda, Chantre dignidad de la Iglesia Vallisoletana, quien no sólo concedió lo solicitado por Morelos, sino que le recomendó "evitara la efusión de sangre en cuanto fuera posible".

Prolegómenos de la histórica entrevista de Morelos con el señor Hidalgo, fueron los hechos siguientes. Principiaba octubre cuando se entrevistaron el señor Morelos y don Rafael Guedea, dueño de la hacienda de Guadalupe, según crónica que dejara don Vicente Riva Palacio. Guedea llegó al curato de Carácuaro y narró los últimos acontecimientos: "Hidalgo se ha levantado en contra de los españoles, tomó Guanajuato y viene con un mundo de ejército sobre Valladolid." La conversación sobre el tema se prolongó en buena parte de esa noche. Al día siguiente, Morelos ordenó a Gregorio Zapién, su "topil", se trasladara a Janitzio y pidiera a su nombre a doña Guadalupe "medio alud de dinero". A continuación —dice J. R. Benítez— seleccionó a los hombres que pudo armar y que fueron los siguientes: Gregorio Zapién, su asistente; Vicente Guzmán, Gregorio Velázquez, Francisco Zamarripa, Benito Melchor de los Reyes, Roque Anselmo, Francisco Cándido, Marcelino González, Román de los Santos, Francisco Espinosa, J. Concepción Paz, Máximo Melchor de los Reyes, Andrés González, Teodoro Gamero y Bernardo Arreola. Con esa gente salió de Nocupétaro. A llegar a Huspio le informaron que la guarnición de Huetamo había huido; allí permaneció tres días y armó a cuarenta hombres. Eran los antecedentes de la entrevista con Hidalgo.

Al intenso fervor patriótico de Morelos que lo encendía interiormente, no escapaba la profunda preocupación por los suyos. A su probada energía que diversos comentaristas tildarían de crueldad, se asociaba una honda ternura por sus familiares. Era, en buena parte, su militancia moral al servicio de su responsabilidad como jefe de familia. Valga intercalar aquí una carta extraordinaria en que, por otra parte, Morelos hablaba ya de su primera campaña militar:

> "Huetamo, noviembre 10 de 1810.—Señor don Francisco Díaz de Velasco.—Rancho de la Concepción, Nocupétaro.—Muy distinguido compadre: Anteayer llegué a esta con 16 indígenas armados de Nocupétaro y hoy me encuentro con doscientos noventa y cuatro de a pie, y cincuenta de a caballo. Veo de sumo interés escoger la fuerza con que debo atacar al enemigo, más bien que llevar un mundo de gente sin armas ni disciplina. Cierto que pueblos enteros me siguen a la lucha por la Independencia; pero les impido diciendo que es más poderosa su ayuda labrando la tierra para darnos el pan a los que luchamos y nos hemos lanzado a la guerra. Es grande la empresa en que nos hemos empeñado pero nuestro moderador es Dios que nos guía hasta ponernos en posesión de la tierra y libertad. Usted desde su lugar prestará los eminentes servicios que le encomendé y desde luego espero que con este correo me diga el movimiento del enemigo y en nuestro pueblo y la Hda. de San Antonio, que no dudo esta finca es hostil a Nocupétaro. Me acompaña el indio Marcelino González, quien como usted sabe, dispuso de trescientos pesos del Estado y aseguró este pago con el rancho de la Concepción. Le ordeno a usted por la presente, que venda Ud. de mis intereses lo que fuere necesario para sacar los trescientos pesos a que me refiero para hacer dicho pago, y haga Ud. la entrega de ese rancho de la Concepción al Sr. Mariano Melchor de los Reyes, gobernador de indígenas de dicho pueblo. Lo que sobre de mis intereses, lo repartirá por igual a sus dos hijas, mis ahijadas María y Guadalupe.—Dios guarde a su merced muchos años.—José Ma. Morelos.—Rubricado."

Con las preocupaciones de que da indicio la carta anterior, coincide otra misiva de Morelos que dejaba traslucir, hacia el 14 de octubre anterior, su natural recelo por las represalias de la autoridad española contra los familiares del caudillo al lanzarse éste a la revolución. Testimonio de todo esto son sus líneas a don Miguel Cervantes donde le dice: "Estimado Hermano y muy Señor mío: Si Ud. gustare que mi hermana y sobrinita se retiren por acá unos días [en Carácuaro] por modo de paseo mientras pasan las balas, con su aviso mandaré remuda. Remito dos ojas de armas para que por la una me acabe un sillero la otra y para su perfección ha de llevar la dragona o guarnición de la caballería de tafilete amarillo con su respectivo bordadito. Todas las obvenciones tengo fiadas sin poderlas cobrar por el hambre que hubo aquí este año. Ya hubo día que comí con solo elotes; pero cuantos mediecitos me caen estoy comprando maíz para no pasar otra."

Nunca abandonaría a Morelos esa especie de mística con que evocaba la figura de Hidalgo. Nadie ejercería en su ánimo una influencia mayor, ni más venerada, ni más decisiva. De la persona del progenitor de la emancipación, de su palabra y de su serenidad bondadosa en aquella entrevista, Morelos había formado el programa de su acción, la invariable razón de su vida, el rumbo que lo llevaría al sacrificio. Puesta la imagen de Hidalgo en su pensamiento y estimulándolo hacia la enorme empresa que reclamaba su acción, Morelos se perdía a caballo por la tierra caliente y organizaba su primera campaña en favor de la Independencia.

IV. LA SEGUNDA Y TERCERA CAMPAÑAS

"La libertad se consigue con la sangre."

ES VERDAD que Morelos se transforma desde el memorable 22 de octubre de 1810. Cambia el humilde cura de los paupérrimos curatos en el relámpago de la lucha armada. Se rebela en formidable estratega. Incansable jinete, jinete de la sierra, la montaña y la costa, jinete de la inmensidad. "Fue a todas luces el clásico jinete mexicano; sabía templar las riendas, usar bien las espuelas, provocar la arrancada, asentar el paso, calcular el galope, apoyarse en los estribos y saltar, con los ojos ágiles y el sombrero hacia atrás, sobre desfiladeros, abismos y barrancas" [60]. Este dominio cabal del jinete, asociado al gran conocimiento de las regiones en que habría de operar, fueron las condiciones esenciales del caudillo; ellas aparecerían estrechamente unidas a su intuición del peligro, a su fina percepción del ambiente, a esa visión de su talento militar que le permitiría prever los acontecimientos y determinar con desconcertante lógica de estratega los diversos caminos de su acción, los planes y las sorpresas, la audacia corregida y atemperada por la inteligencia.

De todo esto se darían tardía cuenta los generales españoles y los políticos del virreinato, cuando lamentaran "pérdidas por más de cuarenta millones de pesos" [61], lo que resultaría de las acciones militares de Morelos en tres años de lucha: 36 combates librados contra fuerzas superiores virreinales, 25 victorias [62]. Los palurdos de la política colonial española y aun los militares de la vieja escuela de la brutalidad como Calleja, nunca supusieron que iban a enfrentarse, con la revolución, al genio que la dirigía: todo esto superaba cuanto podían prever.

Al desarrollo de sus campañas, Morelos exhibió, entre otros méritos primerísimos, una astucia desusada, una rapidez en la acción de que no había antecedentes en la historia del país; la determinación fría para atacar o retroceder, la intuición para alterar sus planes al cambio de los acontecimientos, y la energía para castigar la defección, la deslealtad y la traición. Su conducta estaba regida por una voluntad moral que no admitía transacciones. Esto inspiraba su temeridad contagiante, el limpio ejemplo de su vida, la violencia de su táctica, la dureza de su castigo, la inteligencia de su estrategia, el conjunto, en suma, de su personalidad.

A las chusmas irredentas que capitaneaba el señor Hidalgo —pues que no dispuso de otros elementos para su lucha heroica por la libertad—, Morelos presentó otro cuadro militar bien distinto. Iba a crear las bases del verdadero ejército de la república futura. A su voluntad se debió aquel esmero con que fue dotando de uniformes y disciplina a todos sus elementos. Ninguno de los jefes de la insurgencia anteriores a Morelos o contemporáneos suyos, dotó de armamento conveniente, como él lo hizo, a sus soldados. Creó un espíritu de cuerpo entre ellos, estableció la disciplina con feliz energía, implantó el ejercicio y adiestramiento de los soldados e inculcó en sus filas el principio de autoridad. Con tal educación clasista empezó a echar las bases de un verdadero cuerpo militar, que, para la época, podría compararse con la organización del virreinato y que, en diversas formas, aventajaría a los españoles. Frente al ejército colonialista formado por la opresión y la ambición, Morelos opondría aquel conjunto organizado de elementos salidos del pueblo, alentados por una gran esperanza, inspirados por una moral superior, guiados por un jefe incorruptible, verdadero apóstol de esa jornada. Con su valentía y su ejemplo moral, Morelos lograría mantener en elevado nivel a todo el ejército.

Con fina percepción de caudillo, con ese gran conocimiento de los hombres que él tenía y que no le permitió sobrestimarlos o subestimarlos sino emplearlos en su justa medida para los objetivos de la guerra, Morelos tendría el acierto de colocar a su lado, en la dirección de aquella empresa titánica, a los varones de excepción que le deparó su buena fortuna. Todo su plan de organización, todo su planteamiento para ejecutarlo en los campos de batalla, pudo apoyarlo en los más brillantes generales que dio la gesta independiente: Hermenegildo Galeana, Nicolás Bravo, Mariano Matamoros, Vicente Guerrero. Con ellos y otros más, Morelos podría arbitrarse elementos para la guerra arrebatándolos del enemigo: él hizo de la sorpresa una táctica, del "albazo" una costumbre, del relampagueante cambio de posiciones a distancias increíbles una norma de conducta militar. Y con precisión matemática lo seguirían en toda la campaña sus generales y sus soldados, los que hicieron de la abnegación y la lealtad un catecismo, los que dejaron su nombre para orgullo de la historia y aun todos aquellos que, por millares, sucumbieron en el anonimato iluminados por la esperanza de cimentar una nación.

Morelos no tuvo, ciertamente, el escenario de Bolívar [63], pero a la medida de su genio, él crearía y sostendría como iniciador la idea constitucional de la Patria. Que para medir su estatura militar, su preeminencia de guerrillero, bastaría señalar la naturaleza del medio en que combatió y lo abrupto del terreno en que cabalgó, y las enormes distancias que su acción alcanzó. Del Nevado de Colima al Pico de Orizaba, Morelos cubrió toda la altiplanicie, movilizó ejércitos y armamentos, arrastró cañones por las montañas, combatió en condiciones adversas que su voluntad convertiría en favorables. La costa del Golfo de México, los nudos montañosos y tremendos de la región oaxaqueña, la tierra que corre al límite del Pacífico, más allá de Acapulco. El valle del Balsas, el de Oaxaca, las vertientes de la sierra hasta el Pacífico, y las del Golfo de México a lo largo y lo ancho de la Sierra Madre Oriental.

Morelos cubrió a caballo, caudillo sin antecedentes, las cordilleras y los ríos, las elevaciones volcánicas y las mesetas, las indescriptibles dificultades del terreno montañoso oaxaqueño, las enormes distancias de la Sierra Madre del Sur. Puede afirmarse que, en términos generales, el libertador recorrió todo el actual Estado de Michoacán, el de Guerrero, el de Morelos, y casi en su totalidad el actual Estado de México y buena parte del de Puebla. Rebasó alturas superiores a 4 000 y 5 400 metros de elevación; no lo detuvieron el clima ni la temperatura ni la sed ni muchas veces el hambre y el agotamiento físico del ejército insurgente. En jornadas sin descanso dominó la fatiga y cayó sobre el enemigo a las primeras luces del amanecer o entre las sombras de la noche. De aquel enorme incendio en que convirtió una gran parte del país mientras el resto se agitaba entre el sobresalto, la zozobra y la esperanza, Morelos estaba seguro de hacer surgir la figura de un país independiente, justo, equilibrado, constitucional y democrático.

De Carácuaro, con unos veinticinco hombres mal pertrechados, llegó a Churumuco, pasó el Río Grande en la Hacienda de la Balsa, cruzó el pueblo de Coahuayutla y en este último lugar se le unió Rafael Valdovinos con algunos hombres [64]. Cruzó desguarnecidas poblaciones pequeñas, o escasamente vigiladas, hasta llegar a Zacatula donde los oficiales y soldados se unieron a Morelos, quien "impresionó a aquellos hombres sencillos y montaraces" [65]: eran cincuenta hombres capitaneados por el oficial Marcos Martínez.

Siguió el caudillo hacia Petatlán, de donde estaba ausente el jefe de la guarnición Gregorio Valdeolivar —circunstancia que aprovechó Morelos para decomisar el armamento de la compañía, 50 fusiles y lanzas—, a tiempo que se le unían ciento tres soldados. Ante el desbordado entusiasmo con que los pueblos lo recibían y lo seguían, el caudillo recomendaba que se mantuvieran en el trabajo de sus lugares de origen, pues "era más poderosa su ayuda labrando la tierra para darnos el pan a los que nos lanzamos a la guerra"; "es grande la empresa en que estamos empeñados, pero Dios nos guiará hasta ponernos en la tierra santa de la Libertad" [67]. Tales recomendaciones derivaban de la escasez de armas, en relación con el creciente volumen de voluntarios: su ejército en Petatlán podía estimarse en 294 hombres de pie y 50 de a caballo.

Al acercarse los insurgentes a la plaza de Tecpan, su comandante realista, capitán Juan Antonio Fuentes, evacuó la población y sus soldados desertaron uniéndose a Morelos. Pero otro acontecimiento vendría a reconfortar el ánimo del caudillo, aquel 7 de noviembre del año 1810: allí se le unieron los hermanos Galeana, Hermenegildo, Juan y Fermín, hacendados de Tecpan que dejaban la comodidad de su vida para correr la suerte del iluminado de Valladolid.

> "Don Hermenegildo Galeana, a los 48 años, era el prototipo del ranchero alto, gallardo, rubio, patillas doradas y tez encendida. Mostró siempre inmejorables condiciones para el mando. Aunaba, en aparente contradicción, la serenidad y el ímpetu guerrero; la fiereza en la lucha y la magnanimidad nunca desmentida con el vencido. Por su nobleza de sentimientos fue muy popular y querido entre sus soldados, particularmente entre los negros que abundaban en las costas del sur y quienes cariñosamente lo llamaban Tata Gildo. Manifestó siempre hacia Morelos sentimientos conmovedores de admiración y lealtad. En más de una ocasión le salvaría la vida con riegos de la propia, y tendría en los múltiples combates en que participó, arranques de un verdadero héroe. Fue uno de los brazos de Morelos, y de él se dijo que no reconocía límite su arrojo, ni mancha alguna su fidelidad ni término su abnegación [68]."

Los Galeana aumentaron la fuerza de Morelos con pertrechos, caballos, 700 hombres y un cañón denominado El Niño, que era de su hacienda, primera pieza del Ejército del Sur.

Ascendía la estrella de Morelos y declinaba la de Hidalgo. En esa misma fecha, 7 de noviembre de 1810, el Progenitor de la Independencia sufría una derrota completa en Aculco, al combatir con las fuerzas de Félix María Calleja del Rey.

Dejó Morelos fortificada la población de Tecpan en previsión de alguna retirada y enfiló hacia Acapulco. Lo acompañaban dos mil hombres todavía insuficientemente armados pero disciplinados y organizados con auxilio de los hermanos Galeana y los oficiales

Ávila, Cortés y Valdovinos. Dejaron atrás Zanjón y Coyuca, y dos días después acampaban en Pie de la Cuesta, donde se reunieron con la gente de Atoyac.

Por órdenes del caudillo, Valdovinos y Cortés combatieron al frente de 700 hombres por posesionarse del Cerro del Veladero —eminencia natural que domina Acapulco—. El 13 de noviembre vencieron a los 400 realistas de Luis Calatayud. Morelos pudo así capturar y fortificar el cerro del Aguacatillo, Las Cruces, El Marqués, La Cuesta y San Marcos: era la forma de establecer el cerco de Acapulco.

Sabedor de los éxitos de Morelos, el Virrey movilizó, para detenerlo, a la Brigada de Oaxaca —1 500 hombres bien equipados— que al mando de Francisco Paris debía atacarlos.

Paris dividió sus tropas en tres grandes grupos. El primero comandado por José Sánchez Pareja, que se enfrentó a las tropas del denodado Valdovinos, en Arroyo Moledor, logrando derrotarlas en furioso combate el día 1º de diciembre.

Otro fue el resultado del combate en Llano Grande, defendido por el insurgente. Miguel de Ávila, oficial de Morelos. El jefe insurgente descendió del Veladero y derrotó a los realistas en Paso Real de la Sabana.

Morelos, al frente de las tropas que personalmente comandaba, se enfrentó a Paris en las primeras horas del 8 de diciembre. En durísimos combates fueron rechazados varias veces los realistas. Se combatió todo el día y la noche. Las posiciones insurgentes resultaban inexpugnables. Vencedor, Morelos se establece en Paso Real de la Sabana, sitio que denomina "Paso a la Eternidad", pues quien lo cruzara correría ese riesgo.

Distaban de ser inmejorables las condiciones de armamento de su tropa, a pesar de la victoria. Lo sabía Morelos y esperaba otras luchas. Su audacia política recurrió entonces a una estratagema: aceptó relacionarse con el descontento de Mariano Tabares de la oficialidad española y en la noche del 4 de enero de 1911 cayó por sorpresa con 600 hombres que mandaba su lugarteniente Julián de Ávila penetrando así al campo realista. En el desorden angustioso, el comandante Paris huyó, abandonando a sus soldados. Como saldo y botín, recogió al coronel Ávila 700 fusiles, 5 cañones, 52 cajones de parque, víveres y otros pertrechos. Los prisioneros fueron enviados a Tecpan que comandaba don Ignacio Ávila.

Vencedor de Paris, Morelos aseguró militarmente su posición en Tres Palos y se preparó para atacar el Fuerte de San Diego, plaza bien artillada y preparada para resistir a los insurgentes, con selecta guarnición y abastecida por mar.

Morelos confió en la palabra de un artillero llamado José Gago, para penetrar por sorpresa en el fuerte de San Diego, y fue traicionado. Las tropas insurgentes quedaron prendidas a varios fuegos en la noche de su incursión. Ante la desbandada, Morelos se interpuso, adelantándose, y logró que recuperaran la serenidad, lo que permitió reunirlos y aminorar el descalabro.

Más tarde, desde el Cerro de las Iguanas, hizo llover su artillería sobre los españoles por espacio de nueve días. Ante el acoso, el gobernador Carreño hizo una salida espectacular en campo abierto y logró hacer retroceder a los insurgentes quitándoles algunas piezas de artillería. El Virrey envía tropas de refresco a Acapulco. Morelos enferma. Lo conturba no haber logrado sus objetivos militares. Se retira a Tecpan y deja el Veladero al cuidado de Ávila con suficiente tropa, bien fortificado. Piensa que ya habrá ocasión de retornar a Acapulco en mejores condiciones.

Repuesto de sus males regresó al puerto. Lo acompañaba uno de los insignes insurgentes de que se enorgullece México: don Vicente Guerrero. Era el capitán de raza costeña, mestizo de cabellera negra y nariz aguileña, pronunciados pómulos, morena la piel y la mirada afiebrada. Con Guerrero el capitán y con los Galeana, los Bravo, los Ávila, Ayala y Valdovinos, discute Morelos su plan de acción y recorre las defensas.

Era el 2 de mayo de 1811. Leyó Morelos la *Gaceta Extraordinaria* del gobierno virreinal, de 9 de abril del mismo año. Allí se daba noticia de la captura de don Miguel Hidalgo y de sus compañeros, en Acatita de Baján, el día 21 de marzo. A la tremenda noticia respondió con dolorida serenidad el señor Morelos. Con unas palabras de aliento y energía manifestó a sus lugartenientes la irrevocable decisión de continuar la lucha. Trazaron los planes: dejaron El Veladero bien guarnecido al cuidado del coronel Julián Ávila, y enfilaron hacia Chilpancingo al través de la montaña.

Encabezaba al grueso de la tropa el Regimiento de Guadalupe cuyo comandante era el integérrimo Hermenegildo Galeana. Lo seguían las tropas de los Bravo. Era el 3 de mayo, cuando abandonaban El Veladero. Al centro de la caballería iba Morelos: la noble cabeza envuelta o protegida por su paliacate de seda, cubierto el cuerpo por un poncho claro. Los Bravo y los Ávila bloqueaban al caudillo. Las banderas negras de Morelos ondeaban contra el horizonte y el tramonto. Morelos hizo un alto: allí se despidió emocionado de don Julián Ávila, quien regresaba a encargarse del "Paso a la Eternidad". Ambos se abrazaron, ante la tropa, con fuerza y cambiaron palabras de afecto. "Morelos ocultó bajo sus cejas altivas y espesas aquellos ojos de águila que pocas veces se nublaban." [69]

Al arribar a la hacienda de la Brea, los Bravo y los Galeana se adelantaron por orden del caudillo con una sección del regimiento a la hacienda de Chichihualco para abastecerse, pues era propiedad de los Bravo. Abastecidos suficientemente, fueron sorprendidos por los soldados del comandante Garrote quien iba a detener a los hermanos Bravo y a todos sus servidores. Los negros de Galeana, desnudos, pues se bañaban en el río, así salieron a pelear. En un instante se recuperaron los Insurgentes. Tronaba el ya clásico grito "¡Galeana!" por toda la hacienda. Acudieron los Bravo con su gente. Los españoles fueron diezmados y derrotados en su huida. Cien fusiles, una cantidad igual de prisioneros, era el saldo de la breve victoria. Muchos soldados se unieron a Morelos, otros fueron enviados prisioneros a Tecpan. El derrotado comandate Garrote llegó a Tixtla con unos cuantos hombres, humillado y maltrecho.

Libre de obstáculos el camino, Morelos entraba sin encontrar resistencia a la ciudad de Chilpancingo, al frente de 600 hombres, con sus aguerridos generales, coroneles y capitanes. Era el 24 de mayo de 1811. Breve descanso, recuento de efectivos, vigilancia de la disciplina, y orden de trasladarse de inmediato a Tixtla, a marchas forzadas, que el enemigo, como siempre, no esperaba.

Tixtla, en el risueño valle que circundan las montañas, estaba comandado por el subdelegado y jefe militar Joaquín Guevara, hacendado de la región. Este funcionario, eficazmente ayudado por el clérigo poblano Manuel Mayol que era recalcitrante gobiernista, fortificó la población, reorganizó las milicias, se hizo de ocho piezas de artillería que colocó en la altura occidental del Calvario, levantó parapetos y se pertrechó con esmero. A mayor abundamiento, se había presentado en esas fechas en Tixtla el Comandante General de la División del Sur don Nicolás Cosío. A todo ello se unía como elemento de proselitismo contra los insurgentes y especialmente contra Morelos, la prédica pertinaz del furibundo cura Mayol. Dice Altamirano —obra citada en nuestra bibliografía— que por todo ello suponía Guevara que si los insurgentes lograran penetrar en sus ataques, la población en masa se uniría a las fuerzas de la opresión y los derrotaría.

Morelos salió el día 26 rumbo a Tixtla. Los realistas se prepararon y colocaron estratégicamente sus batallones en las colinas pedregosas contiguas al fortín del Calvario. Era impecable el uniforme de dragones de Cosío, azul, blanco y oro. Guevara lucía en uniforme de coronel de milicianos. Garrote, el derrotado de

Chichihualco, andaba con los anteriores. Todo Tixtla estaba erizado de armas y defensores, hacia los cuatro puntos cardinales.

Recién esparcida la luz dorada de la mañana, tocaban diana las tropas virreinales, y por el camino serpenteante de Chilpancingo avanzaban los primeros hombres insurgentes. Los dejaron avanzar hasta tenerlos a tiro de fusil. Era la caballería, impresionantemente disciplinada. La seguía el Regimiento de Guadalupe, abanderado de blanco y azul en su estandarte. Tres piezas de artillería, que arrastraban las mulas. A la retaguardia la caballería de los Bravo que lucía mangas rojas y azules con flecos de oro y plata.

De repente resonó un "¡Viva!", en las filas del pausado desfile. Sobre la colina apareció un grupo de jinetes enarbolando al centro una bandera negra. ¡Ahí estaba Morelos! [70].

Descendió el caudillo a la llanura de Piedras Altas después de inspeccionar al enemigo. Allí dictó el plan de ataque. Galeana debería tomar el fortín a lo sumo en una hora, ya que era la base de acción para atacar la plaza en firme: el Regimiento de Guadalupe era responsable ante Morelos de tal acción. De "colorados" y "verdes" (las tropas de Cosío), Morelos personalmente se hacía responsable. Galeana dividió en cuatro alas sus contingentes. Una sección de caballería al mando de Víctor y Miguel Bravo, haría frente a los Lanceros de Veracruz de los gobiernistas, otra más comandada por don Leonardo y don Nicolás, unida a la parte de la escolta de Morelos, enfrentaría a los "colorados" y milicianos de Cosío y Garrote.

Morelos demandó rendición por medio del sacerdote y teniente coronel Talavera. Cosío respondió altaneramente que no le preocupaba esa chusma con la que se negaba a parlamentar.

Embistió el caudillo seguido de sus tropas con una carga relampagueante de caballería que rompió las filas de los sitiados. Pronto sus generales Galeana y Bravo lo secundaron. En unos minutos Tixtla se convirtió en un vasto incendio. Morelos, siempre el primero en el ataque, era seguido por tropeles de exterminio. Todo fue arrasado; fortificaciones, cañones. En la confusión, los realistas abandonaron posiciones y tropas huyendo a la desbandada. El Regimiento de Guadalupe tomaba el fortín que aparecía envuelto en llamas, deshechos los parapetos, diezmados los españoles por centenares. Bajaban la bandera española e izaban entre clamores de júbilo la insignia azul y blanca de Guadalupe. Los "vivas" a Galeana atronaban el espacio. Morelos, informado de la fuga de Cosío y Garrote, con un fuerte abrazo, felicitó a Galeana ante su tropa sudorosa, delirante y ensangrentada.

Desarmados y encerrados los prisioneros, Morelos llamó a Guerrero, capitán de Galeana, y le ordenó atacar el atrio de la Parroquia por la retaguardia. Galeana entraría en la Calle Real con su regimiento. Don Miguel y Don Víctor deberían atacar el frente de la Parroquia. Morelos y don Leonardo intentarían penetrar al centro de la plaza.

Con precisión mecánica fueron cumplidas las órdenes de Morelos. Barrida la torre del templo; inutilizadas las piezas de artillería de los españoles; acuchillados y muertos por la fusilería a quemarropa, los hispanos quedaban aplastados. Cuando Morelos entró a sangre y fuego en la plaza, el estado de los pobladores y defensores de Tixtla era de pánico.

El empecinado gobiernista Mayol, fue sorprendido cuando imploraba del Santísimo la ayuda que sus cómplices realistas no pudieron brindarle. Guerrero penetró en el templo que se encontraba atestado de feligreses y soldados y conminó al cura a enviar a sus casas a los vecinos pacíficos, "pero en cuanto a los soldados que se han refugiado aquí, son mis prisioneros y deben rendirse al General Morelos".

Galeana entregó al caudillo 300 prisioneros, indios de Tixtla. Ante esa gente, Morelos dijo dirigiéndose a Guerrero: "Usted que habla el mexicano diga a estos naturales que están libres, y que si quieren seguir nuestras banderas, los recibiré con gusto." Esta noble actitud de Morelos, que en él sería casi habitual a lo largo de sus campañas, vendría a contradecir a sus superficiales impugnadores del futuro, cuando lo tildaban de extrema crueldad. Sereno en la derrota, generoso en el triunfo, implacable en el combate ése era Morelos.

Toda la narración anterior que aquí se resume, es obra de Altamirano (obra citada). Los derrotados Cosío y Guevara, huyeron hasta la Capital, para explicar que 600 hombres de una "chusma desharrapada" con la que altivamente se negaron a parlamentar, había logrado tomar la plaza sin disponer de artillería alguna, no obstante que ésta se hallaba defendida por algo más de 1 600 hombres aguerridos que contaban con 8 piezas de artillería de grueso calibre.

Con este notable triunfo cerraba Morelos su primera campaña. Ahora ya no cabía duda alguna al Virrey y a Calleja, acerca de que la insurgencia estaba abanderada por un positivo estratega, un inusitado organizador del ejército de la insurrección y un fenómeno de la temeridad. Se había desatado una cruzada escalofriante en que ondeaba una bandera negra. Eran los primeros actos de un verdadero ejército cuyas armas se arrebatan al enemigo en los campos de una lucha sin cuartel. Nadie podría dudar ya de la calidad de Morelos como caudillo. Dijérase que de las cenizas de las derrotas inflingidas al libertador Hidalgo, surgían amenazantes, a lo ancho del territorio del sur, las llamas que a su paso levantaba el centauro de la insurgencia seguido por todos los humildes.

A la toma de Chilpancingo y la victoria de Tixtla, siguió la batalla de Chilapa. Hasta allí arribó Fuentes, el sucesor de Cosío, una vez que abandonó su ataque al Veladero para reconquistar a Tixtla. Pretendió tomar por sorpresa a la gente de Galeana el 15 de agosto de 1811. Morelos se había trasladado a Chilpancingo, encomendando Tixtla a los generales Hermenegildo Galeana y Nicolás Bravo.

A la defensiva, las tropas de Galeana opusieron furiosa resistencia por todo el día. Conocedor del peligro en que se encontraban sus tropas, Galeana mandó aviso a Morelos y éste repuso con el mismo propio que al día siguiente iría a reforzarlo por el camino de Cuauhtlapa.

Y así lo hizo el día 16. Entró Morelos a la contienda en medio del combate más duro de ese día, en forma tan sorpresiva para el enemigo que éste no se percató de su presencia ni por el repique de las campanas en el templo que defendía Galeana. Con el caudillo llegaron 700 hombres y el famoso cañón "El Niño". Operado personalmente por Morelos, el cañón hizo polvo a los realistas. En medio del pánico de los hispanos fueron demolidas las defensas y trincheras que habían logrado levantar el día anterior. Los soldados de Galeana y de Bravo penetraron en forma incontenible sobre las defensas españolas y acuchillaron sin piedad a sus defensores. La confusión se prolongó hasta Chilapa, donde unos y otros se confundían entre machetes, fusiles y detonaciones. Algunos huyeron a Chilapa ya sin combatir y no pararon hasta Tlapa, seguidos muy de cerca por los insurgentes. Otros se rindieron en Tixtla o en Chilapa. Cuando entró Morelos a esta última población, pudo precisar el botín de la victoria: 400 fusiles, 4 cañones, grandes pertrechos de guerra y 400 prisioneros. Entre éstos se encontraba José Gago, aquel artillero que traicionó a Morelos en Acapulco. Con él estaba Toribio Navarro quien había defraudado a Morelos al robar el dinero que le dio para adquirir armas, y se pasó después a las filas de los realistas. Morelos no lo pensó más tiempo: los mandó fusilar por traidores. No era crueldad; obedecía a una norma moral.

En Chilapa se presentó ante el caudillo don Francisco Ayala, a quien Morelos nombró coronel. En todas sus campañas lo seguiría fielmente Ayala, con un desprecio por la vida que rayaba en el suicidio.

Una de las características superiores de Morelos era su extraordinaria intuición política de que se tratará al hablar de la Constitución en líneas posteriores. Valga señalar el hecho de que, sin perjuicio de la campaña, mantenía relaciones epistolares o por medio de representantes en lugares muy alejados de su campo de operaciones, con la idea de ampliar el proselitismo y extender el movimiento insurgente a todo el país. Tal acontecía con los principales jefes insurgentes de otras regiones, como don Ignacio Rayón, jefe de la Junta de Zitácuaro, con quien Morelos sostenía estrecha relación epistolar aun antes del mes de junio de 1811 [71]. El caudillo no lo era solamente militar —capítulo en que no tenía paralelo—, sino que poseía una visión política de conjunto acerca del movimiento armado y trabajaba mentalmente en su idea de constituir a la nación mexicana [72]. A la formación de un programa de ideas vivas que dieran norma a la nación, contribuía esa práctica heroicamente realizada por Morelos para mantenerse en contacto con todo grupo insurgente por alejado que estuviera, y por sostener y ampliar el círculo de simpatizantes y correligionarios no sólo entre el pueblo que contagiado por su ejemplo militar lo seguía apasionadamente, sino entre el clero y las clases económicamente fuertes de la Colonia. Dado que la única fuente de información, la prensa de entonces, estaba lógicamente en manos de los españoles, y como carecía de otra forma de comunicación para su propaganda, Morelos robaba tiempo a su descanso, para ejercer hacia todos los rumbos su influencia por medio de esa tarea epistolar, la que, unida al prestigio de sus armas, le otorgaba mucha mayor solvencia y rendía los mejores resultados. Se daban cita en él dos aspectos indisolubles de su dimensión intelectual: el general que era caudillo y guerrillero, y el político, que era el pensador y el visionario. Jamás en la historia de México había aparecido un hombre con tal categoría de genio.

Poco antes de la victoria de Chilapa, Morelos había frustrado un complot en que intentaban asesinarlo. El norteamericano Farrell y el español Tabares se conjuraron para ese innoble fin. Además del asesinato del caudillo y de sus generales, intentaban provocar una guerra de castas tendiente a minar o debilitar a la insurgencia. Sorprendidos y confesos, fueron degollados una noche por los soldados de Morelos. Ésta era su "extrema crueldad", según los críticos que hubieran deseado encontrarse con una égloga como marco de acción de la revolución de independencia. A la sensibilidad política de Morelos no escapa, seguramente, considerar que toda flaqueza, todo uso o empleo equivocado de la piedad, daría resultados nefastos, según podría comprobarse algún día en el caso de la inútil piedad de Nicolás Bravo. Toda tibieza ante el enemigo debilitaría a quien la practicara, lo que no podía ignorar Morelos que había sufrido en carne propia y de su pueblo la impiedad y la crueldad de aquel sistema que ahora combatía bajo una bandera negra. En todo caso, a su tiempo, el gobierno virreinal y su instrumento de tortura, la Inquisición, darían buena prueba de mantenerse alejados de toda consideración moral hacia los insurgentes; procedimiento empleado con ferocidad durante varios siglos y de que serían testimonio histórico los fusilamientos de Chihuahua, como epílogo ensangrentado de los acontecimientos de Acatita de Baján.

Dominado Chilapa, dedicó Morelos su inteligencia y acción a revistar y mejorar los cuadros del ejército, localizar salitre para fabricar pólvora; dotar de uniformes a la tropa y distribuir y mejorar el armamento, establecer los ejercicios militares del caso y robustecer la disciplina, reglamentar el tránsito de sus fuerzas y vigilar estrechamente la probable infiltración de enemigos en su territorio. Finalmente, y de modo especial, se esmeró en recomendar y revisar el trabajo agrícola de la región y en mejorar el servicio escolar. Todo ello se proyectaría hacia condiciones superiores del ejército insurgente, cuando conviniera reiniciar la campaña.

Por ese lapso recibió Morelos aviso de Rayón acerca del complot del virrey, para asesinarlo por "medio de un hombre barrigón de quien no puedo darle otras señas". Con habitual serenidad se enteró el caudillo. Cuando ese hombre llegó al campamento, lo dejó dormir a su lado. El supuesto asesino huyó antes del amanecer. Morelos seguía durmiendo.

Al día siguiente, empleando ese estilo en que hacía gala de una fina ironía, Morelos envió respuesta a su amigo Rayón: "Le doy mil gracias por su aviso; pero puedo asegurarle que a esta hora no hay en este campamento más barrigón que yo."

La influencia de Morelos se extendía hasta el Río Mezcala o de las Balsas, favoreciendo su posición estratégica ya que ayudaba el río a brindar protección a los insurgentes para mantener bloqueado por tierra a Acapulco y su comercio casi paralizado.

El 10 de septiembre de 1811, Morelos expidió un decreto que creaba la provincia de Tecpan erigiéndola en ciudad, con el nombre de "Nuestra Señora de Guadalupe". Asimismo degradaba a Acapulco, seguramente por no haber logrado allí una victoria que esa colectividad imposibilitaba hasta esas fechas. Al analizar tales circunstancias, decía Morelos: "Que los habitantes del puerto, por su rebeldía y pertinacia de seis meses que sin cesar nos han hecho la guerra, salgan a poblar otros lugares con pérdida de sus bienes y la población nombrada 'Ciudad de los Reyes', pierda por ahora ese nombre y en lo sucesivo se nombre 'Congregación de los fieles' porque sólo la habitarán personas de nuestra satisfacción; y si los rebeldes que han quedado en ella, a más de vicios y corrupción de costumbres se encontraren sin religión católica, se meterá el arado a dicha población, sobre la purificación de fuego que a las casas de los culpables hemos hecho" [73].

Mediaba noviembre de 1811 cuando Morelos inició nueva campaña. Designó encargados de la administración civil y militar de las poblaciones ocupadas por sus fuerzas. Después ocupó Tlapa y enfiló hacia Chiautla, en Puebla. Allí combatió contra el hispano Mateo Musitu, perfectamente equipado, quien disponía de cuatro cañones a uno de los cuales llamaba "el Mata-Morelos". El caudillo atacó denodadamente a los realistas, fuertes en el Convento de San Agustín. A sangre y fuego, con muchos sacrificios y pérdidas de vidas insurgentes, peleando cuerpo a cuerpo en cada metro de terreno, los soldados de Morelos derribaron barricadas y atrincheramientos y pasaron a cuchillo a los realistas, muchos de los cuales lograron huir en la confusión que reinaba en los claustros. Cuatro cañones, 200 fusiles, parque y prisioneros fue el saldo de la victoria [74]. El defensor de la plaza, Musitu, fue fusilado sobre el terreno. Quedaba abierto, sin enemigos, el camino hacia Izúcar.

Días después de la victoria, se presentó a Morelos el párroco de Jantetelco, don Mariano Matamoros. Por sus simpatías hacia los insurgentes lo habían aprehendido las autoridades españolas. Cuando logró fugarse de prisión, Matamoros se presentó ante el caudillo. Era de tez clara, ojos de color azul, delicadas facciones, bajo de estatura, no grueso, y en el rostro conservaba huellas de viruelas. Su continente era más bien reposado. La campaña daría testimonios de esa gran energía y de su inteligencia, de su valentía y su serenidad en las horas aciagas. Todo ello, además de una lealtad inquebrantable hacia Morelos de que dictaría cátedra en la revolución, hicieron de Matamoros "el brazo derecho de Morelos". Desde aquel día el caudillo lo designó coronel del ejército insurgente.

La alta oficialidad de Morelos por aquel tiempo quedaba integrada con Hermenegildo Galeana, los Bravo, los Ávila, Ayala, Valdovinos, Guerrero y Matamoros. "Valieron para Morelos —dice Teja Zabre al referirse a Galeana, Bravo y Matamoros— como todo un ejército, y siempre que se alabe la memoria del gran general, es justo asociar a su nombre los de sus mejores soldados."

Mientras cundía la alarma entre los realistas de Puebla por el desastre de Chiautla, diversos acontecimientos indicaban el inicio de la nueva campaña. Galeana y Miguel Bravo ocupaban, respectivamente, Tepecoacuilco y Huitzuco. Hermenegildo avanzó hacia Taxco que defendía el comandante español García Ríos. Morelos avanzaba hacia Puebla, camino en que pretendió interceptarlo al salir de Izúcar una fuerza de 600 soldados con tres piezas de artillería, bajo la jefatura de Soto Maceda. Cinco horas de arrojo y fiereza en el combate del 17 de diciembre marcaron ese encuentro que se prolongó hasta bien entrada la noche. Los realistas se retiraron hasta un sitio denominado Galarza, donde se hicieron fuertes a pesar de las tremendas bajas sufridas; allí fueron desbaratados por los insurgentes, y herido Soto Maceda que poco después moriría en Cholula. Victorioso en Galarza y confirmadas las posiciones en Izúcar, no cayó Morelos en el espejismo de dirigirse a Puebla porque consideró con natural perspicacia que si no toda la zona del sur estaba libre de contingencias, podría enfrentarse a desagradables sorpresas al tomar aquel rumbo.

El caudillo encomendó a Matamoros, a Guerrero y a José María Sánchez la plaza de Izúcar y se dirigió a Cuautla donde entró sin hallar resistencia el 24 de diciembre de 1811. Tres días después abandonaría esa plaza que encomendó a don Leonardo Bravo y enfiló con sus tropas rumbo a Taxco. En la hacienda de San Gabriel le informaron que Galeana había vencido a los españoles en Taxco, después de su victoria en Tepecoacuilco haciéndose de buenos elementos de guerra en ese triunfo.

Llegó Morelos a Taxco y ordenó el fusilamiento del comandante Garza Ríos, a quien Galeana había perdonado la vida. Tal acuerdo se hizo extensivo a otros elementos españoles considerando Morelos la crueldad y saña con que esos militares habían procedido contra naturales e insurgentes cuando tuvieron mando de fuerza.

Terminaba el año de 1811 con un halagador panorama de triunfos y perspectivas para Morelos quien se hallaba libre de dirigirse a Puebla, a Toluca y a México, situación en que meditaba seriamente. Sabía el caudillo que el grueso de la tropa realista a las órdenes de Calleja se encontraba empeñado en la toma de Zitácuaro que defendía López Rayón, pero todo le hacía suponer que Rayón perdería esa plaza y que el jefe español se volvería contra Morelos cuando hubiera deshecho a la "junta de Zitácuaro" y a sus tropas. Así sería efectivamente: el 2 de enero de 1812 caería la plaza en manos de Calleja. Con proverbial saña, este ambicioso general incendió la plaza e hizo fusilar a cuanto soldado insurgente cayó en sus manos.

La conducta seguida por Calleja durante esos años y aún más tarde, cuando fue elevado al cargo de Virrey de Nueva España, parece guardar cierta relación con aquel general Boves de triste memoria en Venezuela, durante los años de la emancipación; personaje que ejerció represalias de igual índole, quemando, arrasando, violando y asesinando poblaciones enteras que habían seguido al general Simón Bolívar. A esa práctica que no admite explicación ni excusa, respondería Bolívar como es bien sabido, con el ejercicio de lo que se llamó "la guerra a muerte". El Libertador no tuvo conmiseración para cuanto español cayera en sus manos combatiendo y ésa fue su respuesta a Boves. En condiciones casi similares a las de Venezuela, el caso de la Nueva España explicaría a los críticos de Morelos por qué y con qué razones, el caudillo insurgente respondió con extrema dureza a la crueldad de Calleja. Hasta en este doloroso cuadro guardarían semejanza los diversos aspectos de la tremenda lucha emancipadora en los pueblos americanos, como si a los libertadores les hubiera sido impuesta esa condición trágica por la actitud brutal de sus adversarios. A lo que se ve, también México tendría su "guerra a muerte".

Rayón con parte de su gente pudo refugiarse en Tlalchapa y posteriormente en Sultepec, mientras el Conde de Casa Rul ejecutaba la orden de arrasar a Zitácuaro dictada por Calleja.

Mediaba enero de 1812 cuando el incontenible general Galeana se apoderaba de Tecualoya, ya en el valle de Toluca. Unido el valiente general a las tropas del caudillo y las de don Nicolás Bravo, atacaba Tenancingo el día 22. Durante el día y parte de la noche se prolongó el combate contra las fuerzas realistas de Rosendo Porlier. Antes de media noche huyó el realista al verse vencido, perdió su artillería e incendió una parte del pueblo, según ya era práctica del general Calleja. El día 24 arribaba el incendiario Porlier a Toluca, con algunas tropas desharrapadas y golpeadas.

A 45 kilómetros de Toluca, inexplicablemente, Morelos no enfiló hacia esa plaza, camino directo hacia la capital, sino que descansó tres días en Tenancingo y después se dirigió a Cuernavaca. Continuó hacia Cuautla donde entró nuevamente con las fuerzas propias y las de Galeana y los Bravo. Era el 9 de febrero de 1812.

Varios comentaristas, como don José María Luis Mora y don Alfonso Teja Zabre, analizaron las circunstancias que movieron a Morelos para abstenerse de atacar la plaza de Toluca. Parece que el coronel Gabriel Marían, destacado por Morelos para perseguir con su caballería a los fugitivos de Porlier, dio aviso al caudillo de que Calleja, al frente de 5 000 hombres estaba entrando en

Toluca en esos momentos. Asimismo es de considerarse que Galeana no tenía más de 1 000 hombres y multitud de heridos después de su último triunfo, y que sumando ese contingente a los de Morelos y Bravo, no superaban en número ni en pertrechos y frescura a la gente de Calleja. A ello se unía el hecho de que Morelos había sufrido una caída en Izúcar, de la que apenas se estaba reponiendo y por la cual se abstuvo de participar en el combate de Tenancingo. Otra consideración del caudillo fue que su tropa procedía de tierra cálida y no vio conveniente exponerla a las temperaturas invernales del valle de Toluca. Respecto a la plaza de Puebla, sabía Morelos que los españoles venían preparándose para atacarla con el grueso unido del ejército, una vez que su preocupación por Zitácuaro había terminado. Por todo esto se dirigió hacia Cuernavaca y después a Cuautla.

No era halagadora la situación que guardaba la capital de Nueva España en esos días, para los realistas. Dice con razón Luis Chávez Orozco, comentado por Teja Zabre, que los dispersos grupos insurgentes la rodeaban —Villagranes y el cura Correa— y que interceptaban los caminos de acceso a la metrópoli; éstos eran "obstáculos para el comercio con el interior del país, principalmente para la industria minera que no contaba con pólvora, azogue y otros efectos indispensables para la explotación".

A este respecto, añade Teja Zabre que dos millones de pesos destinados a salir para España (pues ya se sabe que España no pensó fundar en México una nación sino establecer las bases para explotarnos como una factoría) quedaron varios meses en la capital por no poderlos remitir con seguridad a Veracruz por falta de tropas; Oaxaca tenía todas las provincias que la separaban de la capital ocupadas o recorridas por insurgentes; el comercio con Acapulco era imposible, y, por tanto, no se podía descargar la Nao de China ni introducir los efectos que sólo por derechos de importación significan al gobierno un millón de pesos. El cuadro de tales dificultades para los realistas eran las comunicaciones interrumpidas en Valladolid, Puebla, Tlaxcala, Orizaba y Veracruz que, sólo ocasionalmente, se reanudaban en forma precaria.

Alarmado el Virrey Venegas, débil de carácter como era, puso el ejército en manos de Calleja, infatuado, petulante y grosero demagogo individualista. Dispuso del ejército del centro y del resto de las fuerzas virreinales para que las comandara Calleja como Teniente General en el Mando Supremo. A sus órdenes quedaban los elementos siguientes: División de Puebla, reforzada por 500 hombrs del Batallón de Asturias, 300 dragones del Ejército del Centro y 8 piezas de artillería, todo al mando del brigadier Ciríaco del

Llano que debería atacar la plaza de Izúcar defendida por el coronel Vicente Guerrero. Además, contaría Calleja con el Ejército del Centro, 8 000 hombres que componían tres divisiones jefaturadas por Rosendo Porlier, Juan N. Oviedo, el Conde de Casa Rul y el propio Félix María. Tales tropas eran el orgullo de los realistas, ya que en ellas figuraban los batallones de Asturias y Lovera, apenas desembarcados de España; los batallones de la Corona, Guanajuato, Patriotas de San Luis y Columna de Granaderos; a ello se añadían los escuadrones de Lanceros de México, Zamora, España y Tulancingo. Con anchas sonrisas de satisfacción había recibido Calleja el mando de todo el ejército.

Los contingentes de Morelos se integraban con las brigadas de Galeana, Matamoros y Bravo. No eran mucho más de 1 000 infantes y algo más de 4 000 hombres a caballo que contaban con 16 cañones. Gran cantidad de negros y mulatos se mezclaban a mestizos en ese ejército que Morelos había formado —con ayuda de sus generales— como un modelo de arrojo y disciplina que atestiguaban diversas victorias.

Al frente de las tropas, agobiado de medallas el pecho, ostentosamente uniformado para llamar la atención como era gusto de su egolatría, Calleja abandonó la ciudad de México el 12 de febrero, rumbo a Cuautla para combatir a Morelos. Cruzó Tenango, después de Chalco, pasó Ameca y Ozumba y pernoctó en Pasulco, a pocas leguas de Cuautla. El día 18 se dejaron ver desde Cuautla por Morelos que observaba sus movimientos con un anteojo.

En una tarea de dos meses había fortificado Bravo la plaza, ayudado heroicamente por toda la población, mujeres, niños, ancianos: era la pasión por la independencia. Trincheras, troneras, víveres acumulados. Morelos revisó toda la obra. Cuautla resistiría a Calleja.

Los insurgentes estaban distribuidos eficazmente por Morelos para defender la ciudad. La tropa de Galeana ocupaba el Convento de San Diego. Don Leonardo Bravo defendía los fuertes de Santo Domingo. Matamoros tenía a su cargo la defensa de la hacienda de Buenavista. Morelos quedaba en disposición de concurrir a donde fuera menester, según el curso de la batalla. Al distinguir a Calleja, el caudillo se encontraba en la torre de San Diego, dominando con la vista los anchos campos de Guadalupe y Santa Inés.

Calleja rodeado de una guardia de 500 hombres dio en recorrer los contornos de la plaza. La miró despectivamente llamándola un "poblacho". Coreado por sus cortesanos se expresó con burla de Morelos, acerca de lo que llamaba "su candidez para pretender enfrentar allí al glorioso ejército español". Pensaban los realistas que eso no sería un combate sino más bien un paseo antes de ocupar la plaza.

Morelos entretanto, sobre la opinión de sus generales, hizo una salida a campo abierto contra la vanguardia de Calleja, al frente de una escolta reducida. Unas descargas de fusilería y un disparo de cañón, diezmaron pronto la escasa escolta del caudillo. Pronto se vio rodeado de adversarios. Ante el gran peligro de que fuera aprehendido, Torres dio aviso apresurado a Galeana y éste hizo una salida con su habitual valentía, seguido de unos cuantos soldados. Se abalanzaron sobre el Calvario despedazando a machetazos al enemigo que no podía disparar contra los dragones insurgentes, por la velocidad vertiginosa con que eran atacados. Así salvó Galeana la vida de Morelos, quien aún se negó a ir de prisa con rumbo a la plaza para evitar mayores peligros, pues continuaban disparando sus armas los realistas. A la insistencia de Galeana para que se apresurara, Morelos repuso: "Es que mi caballo no tiene otro paso." Cuando regresó, las campanas de los templos saludaron su retorno. Era el día 18.

El primer ataque a la plaza de Cuautla, iniciado a las siete horas del día 19, constituyó un duro revés para Calleja. Al clásico gesto de los soldados de academia que comandaba Calleja desde su espectacular carruaje que rodeaba el Estado Mayor, respondieron con fiereza los insurgentes y lograron rechazarlos con fuertes pérdidas. Allí fueron derrotados por Morelos los batallones de Granaderos de la Corona, Guanajuato y Patriotas de San Luis. Recibidos a tiro de fusil caían diezmados los españoles ante su altivo jefe. El cañón "El Niño" y otras piezas de artillería deshicieron las formaciones de Calleja y pararon el asalto. En duelo personal que llamaríamos homérico, Galeana respondió al desafío del capitán Segarra, jefe de la artillería realista, lo venció y arrastró su cuerpo inerme hasta las fortificaciones de Cuautla. Caía herido de muerte el Conde de Casa Rul. Moría bajo los disparos insurgentes el comandante Juan Nepomuceno Oviedo. Cuando un grupo de asaltantes y multitud de dragones logran abrir una brecha y abaten al artillero, aparece el niño Mendoza, abandona el escondite desde donde veía el combate, y prende fuego al cañón sobre la masa realista. Galeana alcanza a ver el episodio y grita enardecido: "En el nombre de Dios, Viva la América."

Caía la noche sobre la ciudad y los contendientes, cuando Calleja redactaba su desafortunado parte de novedades al Virrey. Se veía obligado a reconocer la inteligencia de las fortificaciones, estimaba en 12 000 hombres el volumen de los defensores, añadía en el arsenal insurgente multitud de cañones además de una fuerte caballería. A continuación confesaba su rechazo. Hablaba de la necesidad de bloquear la plaza o sitiarla en regla. Lamentaba su gasto de municiones en "el ataque que duró seis horas" y solicitaba ayuda del virrey "porque se necesita más gente". El citado parte aparecía fechado en Campo de Cuautlixco el 19 de febrero de 1812.

El día 20 de febrero, Calleja se dirigía al virrey Venegas y afirmaba: "Cuautla debe ser demolida y si es posible sepultados los facciosos en sus recintos, así nadie se atreverá en adelante a encerrarse en los pueblos ni los rebeldes encontrarán otro medio de librarse de la muerte que el de dejar las armas. Anoche celebré una junta con todos los jefes del ejército y sin excepción opinaron que era necesario diferir el ataque hasta que se reuniesen medios de verificarlo con un suceso que aterre al enemigo".

Venegas había ordenado al brigadier Ciríaco del Llano que atacara y tomara Izúcar que estaba defendido por el sacerdote Sánchez y el coronel Vicente Guerrero. Llano intentó cumplir las órdenes, pero no fue derrotado hasta el día 26. Desde el día 20 comenzó el ataque y fue contenido y diezmado durante esos seis días de asedio a la plaza que resultó inexpugnable. Vista esa nueva derrota, Venegas le ordenó a Del Llano que abandonara el propósito y se reuniera con Calleja, pues lo más importante era tomar Cuautla y derrotar a Morelos. Así Calleja tendría otros 2 000 hombres a sus órdenes.

Enterado Morelos trató de interceptar a Del Llano con una columna mandada por el coronel Ordiera [75]. El resultado fue negativo: la columna fue destrozada, sin que quedara un solo insurgente con vida. Calleja aumentaba contingentes con 2 000 hombres, y Morelos sufría la pérdida de 300 hombres de Ordiera. Estratega excepcional, el caudillo se crecía en coraje ante los descalabros. Todo eso acrecía su voluntad de luchar.

A mayor aumento de efectivos de Calleja, menor cantidad de víveres disponibles. Calleja se quejaba en tal sentido con Venegas, y éste respondía ofreciendo que el envío de víveres no cesaría. Calleja escribía el día 1º y el virrey contestaba el día 2.

Incansable, valiente hasta el delirio, Galeana hostilizaba a los españoles por el rumbo de Zacatepec, con guerrillas que los diezmaban y con verdaderos combates que los aniquilaban y que distraían los efectivos de Calleja. Cada retorno a la plaza era acogido con entusiasmo y vítores para Galeana. Así transcurrieron los primeros nueve días de marzo.

El día 10 de marzo comenzó a caer metralla sobre Cuautla. Cañones y morteros no cesaban. La plaza estaba convertida en un infierno. El ataque sobre todos los puntos, era incesante de día y de noche. Todo se destruía. A polvo, llamas, estruendo, quedaba reducida la ciudad. Esperaban los pobladores toda explosión, recogían después los pedazos de hierro y los llevaban a la maestranza, para que Morelos se sirviese de ellos. La artillería de Calleja no tenía descanso. El agua escaseaba. Los víveres también. El ánimo de Morelos, de sus generales, de la tropa y la población, no decaía. La disciplina, pese a la destrucción que rodeaba a toda la población, permanecía incólume. Morelos, y la causa que lo inspiraba, producían una verdadera mística. Recuérdese que el caudillo había sentenciado que "la libertad se consigue con la sangre".

Para aliviar el asedio de Cuautla y aprovisionarse de comestibles, Morelos envió a don Miguel Bravo a Moyotepec. Se percató Calleja de que podría verse entre dos fuegos, ordenó que el Batallón de Llovera desalojara a Bravo. Este valeroso general perdió sus posiciones ante los realistas y se dirigió a Malpaís, a cuatro leguas de distancia de Ozumba, para interceptar convoyes y pertrechos que enviaba a Calleja, desde la metrópoli, Venegas.

Nuevamente persiguió Calleja al general Bravo, por medio del capitán José Gabriel de Armijo, quien con un grueso contingente logró desalojar y vencer al denodado insurgente. De este modo se perdía toda esperanza para recibir víveres en Cuautla. Esto acontecía el día 28 de marzo.

No conforme con ello, Calleja ordenó cortar el agua a los sitiados cuyas baterías, fusileros y caballería, continuaban respondiendo con valor indomable al ataque. El batallón de Llovera cortó el agua en Juchitengo, terraplenando el lecho del precioso líquido. El día 3 de abril, los insurgentes se enteraron de este nuevo acoso. Morelos respondió a Calleja ordenando que Galeana, a riesgo de su vida y la de sus soldados, levantara un fortín que defendiera la toma del agua. Construyeron el fuerte, bajo las balas y la metralla del enemigo. Morían por los civiles los soldados de Galeana. Dicen los cronistas que se bebía el agua mezclada con la sangre, y que mujeres y niños lamían el lodo de las calles en ruinas. Pese a las condiciones del asedio, el reducto fue levantado al oriente de la Plazuela de Santo Domingo. Calleja reconocía tal hecho heroico, al informar al virrey Venegas: "Ordené al Sr. Llano que destinase al Batallón Llovera a sólo el objeto de impedir que el enemigo rompiese la toma [del agua], pero a pesar de todas mis precauciones, y en medio del día permitió [?], por descuido [?], que no sólo la soltase el enemigo, sino que construyese sobre la misma presa un torreón cuadrado y cerrado con un gran número de trabajadores sostenidos desde el bosque. A pesar de su ventajosa situación [!] dispuse que el mismo batallón de Llovera, 150 patriotas de San Luis y 100 granaderos atacasen el torreón, lo que se verificó sin efecto." El ególatra Calleja no podía menos que confesar su fracaso, y añadía —aquel 4 de abril de 1812—: "Sigue el enemigo con extraordinaria actividad reparando ruinas, construyendo nuevas baterías y atacando alternativamente todos los puntos de línea."

A pesar de que los realistas no lograron privar de agua a la población, la situación apenas mejoraba. Al calor insoportable del mes de abril, se asociaba el hambre. Comían toda clase de animales, cuando podían hallarlos. Los niños morían en las calles convertidas en brechas. Los escombros constituían un panorama general desolador. Como espectros caminaban los humildes pobladores de Cuautla. No faltaba algún soldado que comía un pedazo de cuero, como si fuera mamón, al decir del general Bravo. Montones de cadáveres se acumulaban en calles y atrios de los templos. Las bombas no cesaban de caer. Un olor de podredumbre se esparcía por todos los rumbos de la ciudad. Entre restos de cuerpos mutilados caminaban niños y mujeres, ancianos y soldados. La peste asomaba sobre esas multitudes desesperadas.

Al ocuparse de comentar ese cuadro trágico, el propio Calleja expresaba: "Si la constancia y actividad de los defensores de Cuautla fuese con moralidad y dirigida a una causa justa, merecería algún día un lugar distinguido en la Historia. Estrechados por nuestras tropas y afligidos por la necesidad, manifiestan alegría en todos los sucesos, entierran a sus cadáveres con algazara... cualquier que haya sido el éxito, imponiendo pena de la vida al que hable de desgracias o de rendición. Este clérigo [Morelos] es un segundo Mahoma que promete la resurrección temporal y después el Paraíso con el goce de todas sus pasiones a sus infieles musulmanes."

El caudillo, atento como estaba en la medida de lo posible al movimiento emancipador que cundía por todo el Continente, desde la frontera con los Estados Unidos al sur, le dirigía a Calleja algunas expresiones: "Aunque acabe ese ejército conmigo y las demás divisiones que señala, queda aún toda la América que ha conocido sus derechos y está resuelta a acabar con los pocos gachupines que han quedado. Supongo que al Sr. Calleja le habrá venido otra gente de calzones, pues la que trae de enaguas no ha podido entrar a este arrabal. Y mientras yo trabajo en las oficinas, haga usted que me tiren unas bombitas, porque estoy triste sin ellas. El fiel americano Morelos."

Por su parte, Calleja se lamentaba ante el virrey, en carta del 11 de abril, deplorando la adelantada estación de las aguas, el suelo pantanoso que impedía mover la artillería, las disenterías y malignidad del clima, la falta de forrajes de caña, la escasez de víveres que sólo tenían "para dos días", la falta de pagos, la miseria de la tesorería; y aún añadía que "había sufrido un ataque bilioso que lo había puesto a los umbrales del sepulcro". Finaliza su informe señalando que "el enemigo continúa haciendo salidas todas las noches. Hace muchos días que no hago fuego de artillería por economizar las pocas municiones de batalla que conservo".

Concibió Morelos un plan desesperado en favor de la situación trágica en que se encontraba la plaza. En cumplimiento de sus órdenes, el denodado coronel Matamoros, en compañía del coronel Perdiz y 100 dragones, logró romper las líneas del enemigo en Santa Inés, la noche del 21 de abril, a fin de establecer contacto con don Miguel Bravo que estaba en las cercanías de Ocuituco. Bravo poseía los víveres. El propósito era allegar esos víveres a Cuautla, si lograban pasar el cerco de los realistas sitiadores. Con un propio fue informado Morelos que ya estaban reunidos todos en Tlayacac y que en la mañana del día 27 intentarían cruzar por el reducto de la Toma en la línea de circunvalación de Amelcingo y el barranco de La Hedionda.

Esa esperanza se vino abajo al amanecer del día 21. Matamoros y Bravo, con víveres y dragones, fueron arrollados y obligados a retroceder hasta la barranca de Tlayacac, pese a las heroicas cargas de Galeana y de Morelos en persona, al frente de sus columnas. Disparaban las baterías realistas contra los de Matamoros desde Amelcingo y los diezmaba el batallón de Llovera. El caudillo salió de Cuautla a caballo al frente de una columna y logró envolver al batallón de Llovera, pero nuevos refuerzos realistas lo encerraron en un círculo de fuego, mientras se veían obligados a la retirada Matamoros y Bravo. Entre descargas, muertos y heridos, oleadas de caballería y fuego de los cañones realistas, Morelos pudo regresar a Cuautla abandonando el campo a los españoles. Se había perdido la esperanza final para aliviar el asedio de Calleja.

No existen datos que pudieran llevar a la afirmación de que Rayón intentara en esos meses aliviar la tremenda situación en que se hallaba Morelos. Rayón operaba desde el valle de Toluca con sus fuerzas que, aunque en desproporción visible con las de Calleja, hubieran logrado hacerle distraer sus efectivos al gobierno en el caso supuesto de que éste hubiera sido el propósito del señor Rayón. Diversos comentaristas señalan el hecho de que tal abstención del jefe insurgente respecto a Morelos era debida a los sentimientos de envidia política de Rayón, a su escasa autoridad en el medio en que operaba, pues las desavenencias y discordias marcaban ese ambiente, y debido también a lo reducido de sus fuerzas. El hecho es que, con absoluta falta de visión política y de espíritu de solidaridad respecto a Morelos en una causa que les era común, Rayón no cooperó en modo alguno a aliviar la grave tensión que pesaba sobre los insurgentes de la sitiada Cuautla.

Por diversos motivos, tanto Morelos como Calleja pensaban que el sitio era ya insostenible. Calleja dio muestras de tal consideración al remitir al caudillo en sus avanzadas el bando virreinal del día 1º de abril en que se ofrecía el perdón al generalísimo Morelos, a Galeana y a don Leonardo Bravo. A ese documento respondió Morelos con su característica dignidad moral, acuñando para la inmortalidad esta frase: "La misma gracia otorgo a Calleja y a los suyos."

El sitio había cumplido 72 días. Cuautla era un vasto campo de escombros y seres macilentos, de cadáveres, de enfermos y de hambre. Sin víveres, sin agua, sin hogares. Era la noche del día 1º de mayo.

Morelos convocó a una reunión a sus principales jefes. Galeana, Leonardo y Víctor Bravo, Francisco Ayala y el capitán Anzúrez. Analizaron la situación y coincidieron con el caudillo en que era ya insostenible: "hemos llegado al límite de lo humano", afirmaba Morelos. Y cuando Don Leonardo intervino, para apuntar que los realistas no se encontraban en mejor condición, Morelos señaló que ellos en cambio recibían ayuda, víveres y tropas de refresco. También se había perdido la ayuda probable de las fuerzas de Matamoros y de Bravo. La voz de Morelos adquiría un tono sombrío.

Cuando Galeana dijo: "Creo que está bien claro lo que debemos hacer", no quedó a Morelos sino expresar: "Gracias, amigos míos." "Tomemos, entonces, de inmediato todas las disposiciones necesarias." Se había decidido romper el sitio de Cuautla, evacuar la plaza.

Las órdenes de Morelos para la evacuación eran dictadas y conocidas unas cuantas horas más tarde: "Que las lumbradas de los baluartes estén gruesas. Que tras de la avanzada vayan zapadores con herramienta. Síguese la vanguardia de caballería, luego media infantería. Luego el cargamento de caballería, y en seguida la otra media infantería. Que se den velas dobles y se vendan [?] los sobrantes y el jabón. Que se dé un peso a cada enfermo y la mitad del sobrante se traiga. Que se junten cuatro mulas y si no hay, que se reduzcan los cañones..." [76]

En cumplimiento de las órdenes, las tropas se reunieron en la Plaza de San Diego, prestas para salir.

Eran las dos de la madrugada. Al movilizarse la columna, Galeana iba al frente con selecta infantería. Lo seguían 250 lanceros a las órdenes de don Francisco Ayala. Atrás iban dos piezas de artillería, "El Niño" una de ellas. A continuación la cauda de heridos. El caudillo, acompañado por don Leonardo y don Víctor Bravo, seguía a la columna con otra parte de la infantería. A la retaguardia marchaba una reducida fuerza de caballería que comandaba el capitán Anzures. Multitud de pobladores de Cuautla, hombres con niños y mujeres, aparecían distribuidos entre los contingentes militares; era preferible el peligro en la retirada que la furia de los realistas al entrar en la plaza. Así, entre esperanzados y macilentos, con el ejército insurgente que conservaba alta su moral y encendido su coraje en la pelea, empezaron a abandonar la ciudad siguiendo el camino del río, con el menor ruido posible, en la calma de la noche.

Ignorante de lo que hacía Morelos en esos momentos, Calleja se dirigía al virrey en una misiva que estaba redactando casi seguramente en esa hora. En ella le decía: "Conviene mucho que este ejército salga de este infernal país lo más pronto posible; y por lo que respecta a mi salud, se halla en tal estado de decadencia que si no la ayudo en el corto tiempo que ella pueda darme, llegarán tarde todos los auxilios" [77]. No estaba equivocado el general Bravo cuando hablaba ante Morelos de las condiciones apremiantes en que se hallaban los realistas.

Caminaba la fuerza insurgente en el mayor sigilo. Todo parecía ir saliendo con el buen éxito que se anhelaba. De pronto un centinela realista marcó el "alto" a la vanguardia. Galeana contestó con un pistoletazo. Al caer el centinela ya los sitiadores estaban sobre aviso a la detonación que hizo afluir gente al lugar del suceso. En breve las tropas de Calleja rodearon al conjunto insurgente. Parapetados los insurgentes en "las cercas de piedra" comenzaron a repeler el ataque, pero los contingentes enemigos aumentaban hasta que todo el ejército realista cayó sobre ellos.

A una hora de combate se mantenían en primera fila como ya era costumbre los heroicos generales de Morelos: Galeana, los Bravo, Ayala, Anzures, a cuyo ejemplo las tropas combatían con denuedo menudeando los gritos "¡Viva la Virgen de Guadalupe! ¡Viva la América! ¡Viva Morelos!"

En lo más intenso de la lucha cayó el caballo del caudillo y lo arrastró en la caída. En aquel grave trance lo ayudaron sus leales y montando otro animal continuó la pelea.

Hubo un momento en que los insurgentes, sacando fuerza de su coraje penetraron a las filas realistas y rompieron el cerco para iniciar la retirada. Acosados y abrumados por el número y las descargas, aquello se convirtió en una huida desordenada. Calleja ordenó que se les persiguiera hasta aniquilarlos. Tocaron a dispersión. Los generales insurgentes tomaron rumbos diversos. El acoso de la persecución era incesante. Morelos tomó el camino de Izúcar, con su angustiada tropa que quedaba y arribó al pueblo de Ocuituco, casi al pie del volcán. Curioso dato: el entonces capitán Anastasio Bustamante era su perseguidor. Todavía faltaban muchos nombres de realisas de entonces que la historia encontraría, años después, destacados en las filas de la república, confundidos con los héroes supervivientes, como una ley fatal, contraria a toda ética, en virtud de la cual los tránsfugas se protegen en la generosidad del triunfo que ayer combatieron.

Don Leonardo Bravo fue a caer en manos de Gabriel Yermo, en la hacienda de San Gabriel. Yermo lo entregó a los realistas, así como a los pocos soldados que lo acompañaban. Atado de manos, descubierto y con la guerrera abierta fue presentado don Leonardo a Calleja quien, como era lógico en ese asesino por virtud de su origen, lo colmó de los peores dicterios en su habitual lengua de palafranero. Bravo escuchó con dignidad la embestida verbal, sin pronunciar palabra. Más tarde fue conducido a México.

Dos batallones que comandaba José María Echeagaray, tomaron posesión de Cuautla y sus escombros. Recogieron armas, artillería abandonada y municiones de los insurgentes. Buscaron sin mayor éxito a un negro insurgente que se dedicaba todas las noches a insultarlos: era la consigna de la venganza que el ruin general Calleja dictaba como una pobre manifestación de su fuerza.

Nombrado Echeagaray gobernador de Cuautla, informaba a Calleja: "Presenta la ciudad la vista más horrorosa; la mayor parte de las casas están destruidas por el cañón y las bombas; de entre las ruinas sale un olor insufrible provenido de los cadáveres de hombres y bestias mezclados unos con otros, de la inmundicia y basura que observo en todas partes; los ayes y los clamores de los que andan por las calles solicitando alimento, extenuados y reducidos al último extremo de la miseria. En los conventos de Santo Domingo y San Diego, están ocupadas sus habitaciones con enfermos, sin distinción de sexo ni de edad y lo mismo las sacristías, las iglesias y aun las torres. Se encontraron en el primero 225 y en el segundo 362. No alcanzaron las medidas tomadas para liberar de las feroces garras de la muerte a 575 víctimas sacrificadas por la peste, desde el día 2 al día 7... Entregué al Sr. Brig. Llano 151 enfermos para que de los hospitales en que se hallaban, se trasladaran a las haciendas para su convalecencia." [78]

De lo que no informó el citado Echeagaray a su indigno jefe, fue de lo que aconteció un poco después, aunque la moral de

Calleja bien conocida, es muy probable que lo hubiera ordenado. La tropa realista se dedicó a estuprar y a saquear lo poco que allí había quedado. Usaban su poder para ejercer la barbarie con sadismo. De lo que estaba aún en pie, hicieron polvo y botín. Una invasión de piratas era aquel ejército español de cuya elevada moral se hablaba con absurdo elogio al otro lado del Atlántico.

El día 16 de mayo de 1812 entraba Calleja con aparatosa solemnidad que el Virrey auspiciaba, para efectos de ganar una popularidad que jamás obtendrían. Iba al frente de los batallones de Llovera y de Asturias; desfilaban asimismo los cañones arrebatados en el sitio a los insurgentes cuando abandonaron Cuautla; y entre los prisioneros, como un galardón que era debido a la traición y no a las batallas que ellos no habían ganado, iba el noble don Leonardo Bravo. Aunque la chusma pagada vitoreaba a los soldados, lo cierto es que el ambiente capitalino distaba de resultar satisfactorio para los opresores.

Pese a la publicidad que el gobierno hacía al innoble general Calleja, en el ánimo del país estaba que el fin de la revolución no podía preverse, y que la gloria y el triunfo referentes a Cuautla no podían adjudicarse a la soldadesca de Calleja sino que debía conferirse esa gloria al genio militar de José María Morelos y de sus heroicos generales y su abnegada tropa de insurgentes.

Refiere Carlos María de Bustamante en su *Cuadro histórico* que tiempo después del sitio de Cuautla, y en una reunión que tenía lugar en Cádiz, el ilustre Lord Wellington se dirigió al "diputado" por México, señor Beye Cisneros —hombre que procedía de la expoliación despiadada de los mineros de Guanajuato y de Real del Monte, millonario presuntuoso—, y le preguntó "qué cosa era Cuautla". El citado "diputado" explicó que era "un lugar abierto, una llanura o valle". Y el afamado vencedor de Napoleón sentenció: "Eso prueba tanto la ignorancia del general que lo ataca, como la sabiduría y valor del general que la defiende."

Morelos pasó, después de romper el sitio de Cuautla, por Ocuituco, abajo del Popocatépetl y no logró salvar el cañón "El Niño" que cayó en poder de Bustamante y Juan Amador, sus perseguidores. Continuó hasta Hueyapan y arribó a Izúcar reuniéndose en este lugar con don Miguel Bravo. En Chietla y más tarde en Chautla lograron encontrarse las dispersas fuerzas de Matamoros, Galeana y Ayala, con las que tenían a sus órdenes y lograron reagruparlas Morelos y Miguel Bravo. Durante algo más de un mes convaleció el caudillo de la grave caída que había sufrido en Cuautla.

Ayala cayó en el rumbo de Yautepec a manos del realista Armijo, quien lo fusiló al estilo impuesto por Calleja, en el pueblo de San Juan, no sin haber asesinado a dos hijos de Ayala en su presencia. Los cadáveres fueron colgados de los árboles en las inmediaciones de Yautepec. Eran las leyes y costumbres del virrey Venegas para "establecer la paz y la concordia".

Hacia Chilapa se encaminaron las fuerzas insurgentes bajo el mando del caudillo. Con ejemplar, aunque proverbial entereza y decisión, Morelos tenía, para el día 1º de junio, nuevamente pertrechados y disciplinados 800 hombres. A esa fuerza se sumaban las de Galeana, Matamoros, don Miguel y don Nicolás Bravo, así como las que habían estado al mando del infortunado y pundonoroso don Francisco Ayala.

En acatamiento de las órdenes del caudillo, el general Galeana, con la vanguardia insurgente, aplastó a los realistas que se le opusieron en Citlala, camino obligado de Morelos para entrar en Chilapa, a donde llegó el 7 de junio. Los antecedentes de deslealtad de los chilapeños decidieron a Morelos para no tener conmiseración con los prisioneros y los fusiló. Los soldados insurgentes saquearon algunas casas de los simpatizadores del gobierno y explotadores del pueblo.

Por aquel tiempo el virrey Venegas explicaba en la *Gaceta* del 13 de mayo que "Morelos confuso y abatido iba buscando una caverna en qué ocultar sus delitos y los remordimientos de su crueldad". Al recordar el pueblo, con su agudo sentido de la ironía, tales expresiones, y a la vista de las incontenibles noticias de la recaptura de Chilapa, comentaba Bustamante: "Entonces se decían los mexicanos: ya la fiera salió de la caverna adonde había ido a buscar asilo, mas su salida segunda ha sido más terrible que su primera aparición."

En Chilapa recibió noticias Morelos de la situación peligrosísima en que se encontraba el íntegro insurgente don Valerio Trujano, rodeado en Huajuapan por los jefes realistas Régules, Caldelas, Juan de la Vega, y Esperón. Al llamado de Trujano, el caudillo se dispuso a auxiliarlo.

Bustamante dice de don Valerio Trujano que "había nacido para General. Era de cuerpo pequeño y de un espíritu fogoso, pero al mismo tiempo reflexivo y prudente. Valeroso hasta el último grado. Combinador exacto y astuto. Poseía el sigilo y era impenetrable aun a los que lo rodeaban muy de cerca. Esencialmente sumiso a sus jefes. Dulce y compasivo. Ganaba el corazón del soldado sin dar lugar a que le faltase en la obediencia. Amó a su patria con el más exaltado entusiasmo."

Se había adherido a la revolución que acaudilló el señor Hidalgo levantándose con 17 hombres. A breve lapso era ya considerado como jefe insurgente del sur de Puebla y del norte de Oaxaca, magnífica región para ejercer la guerrilla y abastecerse de pertrechos y de gente. Cuando resistió el sitio de Huajuapan por 105 días, ya iba precedido de una aureola de triunfos: 16 victorias sobre los realistas. Armas, víveres y pertrechos los había quitado al enemigo en los campos de batalla.

Contra Trujano se estrellaron las fuerzas realistas que han sido mencionadas. Se acercaron a la plaza el día 5 de abril, iniciaron los ataques el día 10. El sitio se prolongó hasta el 24 de julio. Los cañones de los realistas, en número de 16, no abatieron las defensas de Trujano que carecía de artillería. Hizo fundir las campanas de los templos; así contó con algunos cañones para dar respuesta a los realistas.

Mediaba mayo cuando los sacerdotes Sánchez y Tapia trataron de aliviar el sitio con sus fuerzas, pero fueron derrotados por los realistas aparatosamente. Fue entonces cuando Trujano se dirigió a Morelos.

El 23 de julio avanzaban las fuerzas de don Miguel Bravo arrasando a las columnas de Caldelas. Empero, el realista se recuperó y con singular denuedo atacó a Bravo quitándole dos cañones y haciéndolo retroceder. El día 24 apareció completa la división de Morelos para enfrentarse, aunque en minoría visible, contra los españoles. Se desplazaron en cuatro columnas contra los sitiadores. Galeana cayó como rayo sobre la gente de Caldelas, y éste fue abatido por una lanza. Al desánimo siguió la desbandada. Galeana perseguía con sus jinetes a los realistas que huían desordenadamente.

Entretanto, el general Bravo cobraba la deuda de Cuautla y cargaba furiosamente contra Esperón, terminando por desbaratar sus fuerzas. El realista De la Vega tuvo que resistir con adversos resultados la embestida de Galeana, Juan José y don Vicente Guerrero que degollaban a sus soldados como si se tratara de una siega trágica.

A la vez que tales cosas acontecían, Morelos con su tropa atacaba a las columnas de Régules que eran lo mejor del conjunto y lo que aparecía pertrechado con esmero. A la vez, don Valerio Trujano se lanzaba con su gente contra las tropas de Régules. A dos fuegos quedaba Régules entre Morelos y Trujano. Como si esto fuera poco, aconteció que Galeana, una vez aplastadas las fuerzas de Caldelas, llegó a unirse con los contingentes mencionados y entonces todo aquel brillante ejército de Régules se vino abajo en medio del horror de la matanza que los insurgentes, sin piedad alguna para el enemigo, practicaban con ira y rapidez incontenibles. Régules y Esperón, en la derrota y la huida, no pararon hasta llegar a Yanhuitlán, jinetes en caballos medio muertos. En su seguimiento fue Trujano, por órdenes del caudillo, sin darles tiempo a reorganizarse y para arrojarlos hasta Oaxaca. El botín era de 30 cañones, 1 000 fusiles, parque en cantidades, muchos caballos, más de 300 prisioneros que se remitieron a Zacatula.

El panorama militar del campo realista ofrecía sugestiva tentación para que los insurgentes enfilaran hacia Oaxaca, donde los golpeados del virrey, con la moral bien baja y en número muy reducido, no habrían podido resistir al ejército vencedor de Morelos. Trujano recomendaba ese nuevo paso. Pero el caudillo titubeó.

Morelos era un genio militar sin duda, y por ello consideraba todas las circunstancias sin dejarse llevar del espejismo de una situación, lo engañoso de una perspectiva.

No es admisible la suposición de algunos historiadores en el sentido de suponer que Morelos carecía de seguridad para tomar la plaza de Oaxaca. No sólo por su disciplina y organización, su densidad numérica y la frescura de ánimo que da la victoria, sus tropas hubieran vencido fácilmente a los realistas que la derrota había aglutinado en esa plaza, sino que con ello podía infligir un golpe más a la ya debilitada moral del gobierno.

Pero el caudillo consideró que resultaría de valor mayor y de mejores augurios estratégicos seguir un rumbo diferente. Dictó disposiciones sin recurrir a la opinión de sus generales, y el ejército tomó rumbo hacia Tehuacán de las Granadas, en el Estado de Puebla.

Desde Tehuacán tendría una posición amenazante respecto a Orizaba y a la ciudad de Puebla; no descuidaba la factible toma posterior de Oaxaca y permanecería interceptando el rumbo de Veracruz a México, vía de acceso de los víveres y pertrechos tan codiciados por los realistas. Otra vez la razón de sus consideraciones tácticas venía a demostrar la perspicacia militar del caudillo. El día 10 de agosto de 1812, el poderoso ejército de Morelos, fuerte en más de 3 000 hombres, entraba a Tehuacán.

La probada agudeza de Morelos para precisar los acontecimientos a que daría paso un acto suyo en el orden militar, era palpable en el caso que nos ocupa. Posesionarse de Tehuacán no invalidaba la posterior toma de Acapulco. Lo inmejorable de su posición aspiraba a cerrar un círculo asfixiante en torno del gobierno ya que, además de las estimaciones de influencia que se han señalado con la toma de Tehuacán, una buena parte del centro del país estaba paralizándose bajo la presión insurgente.

Cortadas las comunicaciones del puerto de Veracruz a la ciudad de México en perjuicio del gobierno, cometió un grave error el teniente coronel Juan Labaqui, pues hizo rumbo con abundante correspondencia y valores que estaban en Veracruz, tomando el camino de Orizaba hacia la capital, con una escolta de 300 infantes, 60 jinetes y 3 cañones.

Las avanzadas insurgentes los avistaron cuando iniciaban el ascenso difícil de las Cumbres de Acultzingo. Se dio noticia inmediata a Morelos. Éste ordenó que don Nicolás Bravo saliera a interceptarlos con 200 indios y negros costeños, a quienes se sumarían las fuerzas de don Ramón Sesma, el capitán Bendito y los guerrilleros del temible José Antonio Arroyo, un feroz ex salteador de caminos que se había incorporado a los insurgentes y estaba tomando un camino digno para luchar.

Bravo inició la marcha en las primeras horas de la noche del 18 de agosto. Al día siguiente tenían a la vista el poblado de San Agustín del Palmar. El realista Labaqui se parapetó en el pueblo esperando refuerzos. Quienes llegaron fueron los insurgentes. Arroyo con los suyos cortó la ruta de Orizaba amenazando al pueblo. Bravo desde la altura montañosa del Calvario emplazó su artillería y desató una tormenta sobre los españoles. Ninguna muestra de cansancio daban los soldados mexicanos. Todo el día se prolongó el ataque. Unas horas descansaron los insurgentes por la noche. Al día siguiente, en furiosas embestidas a bayoneta y machete, los españoles eran desalojados y diezmados. Labaqui yacía con un machetazo en el cráneo. Los supervivientes se rindieron a discreción.

Al retornar Bravo con sus tropas victoriosas a la ciudad de Tehuacán, le felicita públicamente Morelos ante el grueso del ejército y la población. Entrega 200 prisioneros, 300 fusiles, 3 cañones y toda la valija de correspondencia de España. Para entonces, el caudillo conoce ya la tremenda noticia procedente del Virrey, pero aguarda hasta la noche para informar al general Bravo.

A cambio de que rindan las armas y ofrezcan no tomarlas jamás contra España, el Virrey se digna ofrecer el indulto a los Bravo (don Nicolás y sus tíos Víctor y Manuel), y anular la pena de muerte que se cierne sobre don Leonardo, ahora prisionero de los realistas en la ciudad de México.

En esa fecha don Nicolás asciende al generalato por acuerdo de Morelos quien, además, lo designa comandante de Veracruz.

Contestó el caudillo al virrey ofreciendo un canje de 800 prisioneros españoles por la vida de don Leonardo. En el intervalo y la angustia de la respuesta, don Nicolás enfila a Medellín, cercano a Veracruz y lo ocupa con 3 000 hombres al comenzar septiembre de 1812.

Sin mayor demora en responder a Morelos, el sanguinario virrey Francisco Javier Venegas ordenó la ejecución del pundonoroso insurgente don Leonardo Bravo, a garrote vil en la entonces calzada del Ejido de la ciudad de México, a la vista de todo el pueblo y por vía de escarmiento. Le negaron los auxilios espirituales, por ser un "excomulgado". Con él caerían sus dos compañeros: Piedras y Pérez. Instantes antes de ser ejecutados, les dijo a sus compañeros don Leonardo: "No temblamos en Cuautla y no hay razón para hacerlo en México. Si de todas maneras hemos de morir, que sea con valor. ¡Viva México!" "¡Qué viva!", respondieron los otros dos valientes. Minutos después, habían muerto. Con tal acto inútil de crueldad, exhibía el virrey Venegas su menosprecio hacia las vidas de los españoles cautivos que en número de 800 le había ofrecido Morelos a cambio de respetar la vida de don Leonardo. Se demostraba asimismo que el poder es fuente del abuso en aquellos que por su formación moral o su limitación mental no aciertan a ejercerlo con serena inteligencia.

A este doloroso hecho que repudia la moral de cualquier tiempo, corresponde la carta que se transcribe a continuación.

"Excmo. Sr. General don Nicolás Bravo.
"Medellín. Prov. de Veracruz.

"Tengo la pena de manifestar a usted que por órdenes expresas del Virrey, con fecha 13 del actual fue muerto su señor padre, general D. Leonardo Bravo, en la Calzada del Ejido de la ciudad de México, habiendo subido al ignominioso patíbulo del garrote vil con el valor y la serenidad que siempre lo distinguieron.

"Deploro tanto como usted suceso tan infausto, aunque le recordaré que es una gloria morir en el servicio de la patria.

"De todos modos, como respuesta a la anterior noticia, sírvase mandar pasar a cuchillo a todos los prisioneros que tiene en su poder, comunicándome, en seguida, su ejecución. Igual cosa haré con los que yo guardo.

"Dios conserve a usted muchos años.

"Dado en el cuartel general de Tehuacán, a los diecisiete días de septiembre de 1812."

José María Morelos

En cumplimiento de esa orden, don Nicolás mandó poner en

capilla a los 300 prisioneros. Durante esa noche los auxilió espiritualmente el sacerdote Sotomayor.

Al día siguiente, Bravo ascendió a una plataforma improvisada, ante los prisioneros que serían pasados por las armas. El pueblo en masa era testigo. Bravo les perdonó la vida y los dejó en libertad de partir. A tal magnanimidad que la historia recogería con respeto, el generalísimo Morelos no hizo comentario sobre la desobediencia militar que implicaba, quizá por las atenuantes de nobleza que inspiraban a su subalterno, quizá asimismo por los méritos de Bravo. Muchos de los indultados que parecían despertar de un sueño siniestro, se incorporaron a las filas insurgentes.

A la sazón, el caudillo ordenó a don Valerio Trujano que reuniera el ganado de haciendas contiguas a la ciudad de Tehuacán. Trujano deseaba hacerse acompañar de sus elementos experimentados conocedores del terreno; pero intervino el licenciado Rosainz, secretario de Morelos, con objeto de que llevara soldados sin experiencia "para entrenarlos en la obediencia militar". Trujano llegó a las inmediaciones de Puebla con esos 150 hombres. Viose en el caso de protegerse en el rancho de la Virgen ante el ataque de una columna realista, a unas leguas de Tepeaca, rumbo a Tlacotepec.

Allí fue copado por las fuerzas, cuatro veces superiores a las suyas, del realista Saturnino Samaniego procedente de Tepeaca con la "Vanguardia del Ejército de Puebla". Era el 4 de octubre de 1812. Trujano resistió heroicamente. Cuando lo permitieron las circunstancias, en el incendio de la hacienda provocado por los españoles, Trujano salió con algunos soldados para ponerse a salvo. Mas diose cuenta de que su hijo quedaba en el casco de la hacienda, a merced de los hispanos y regresó para salvarlo. Los atacantes mataron a su caballo; Trujano peleó pie en tierra denodadamente y sucumbió hasta quedar acribillado.

Sus verdugos hallaron en los bolsillos del ilustre muerto algunos instructivos del caudillo que remitieron desde luego al torvo Venegas. La sangre del coronel, al teñir ese papel, dejaba ver algunas líneas trazadas por Morelos: "...a quien manchara o entorpeciera las conquistas o el prestigio de las armas mexicanas, especialmente en materia de robo o saqueo... sea quien fuere, aunque resulte ser mi padre, lo mandará usted encapillar y disponer con los sacramentos, despachándolo arcabuceado dentro de las tres horas si el robo pasare de un peso, y si no llegare al valor de un peso, me lo remitirá usted para despacharlo a presidio; y si resultaren ser muchos los contraventores, los diezmará usted, remitiéndome los novenos en cuerda para el mismo fin de presidio. *José María Mo-*

relos. 30 de septiembre de 1812. Palacio Nacional de Tehuacán. Al Sr. coronel don Valerio Trujano".

Homenaje póstumo del integérrimo Trujano a su jefe el generalísimo Morelos. Ésa era la disciplina, la moralidad, la energía y la honradez del caudillo ante los vándalos que pretendían someter a la nación por los medios más repudiables.

En octubre de 1812 concurrió Morelos a la población de Ozumba en donde le fueron entregadas 110 barras de plata remitidas a él por los jefes insurgentes Serrano y Osorio, metal que fue muy útil al caudillo para acuñar la moneda que demandaba el pago del ejército libertador.

De regreso a Tehuacán, por el rumbo de Nopalucan, atacó Morelos a un convoy realista, con el objeto de mantener viva la tensión de los gobiernistas. Mediaba ese mes y ya estaba Morelos en condiciones inmejorables para dar cumplimiento a su prevista campaña, la tercera, que marcaría el más elevado nivel de la gloriosa carrera militar del genio de la independencia: la conquista del sur y del sureste, la ocupación de Acapulco y de Oaxaca, la consolidación del cerco a las comunicaciones de la Mesa Central y del Puerto de Veracruz, y la toma de las ciudades de Puebla y Orizaba.

Al enterarse el caudillo de las condiciones de debilidad en que se encontraba la plaza de Orizaba, al mando del realista José Antonio Andrade, pues solicitaba ayuda al comandante de Puebla, decidió actuar con su peculiar rapidez. No sólo por motivos de estrategia sino por razones económicas y de táctica, Morelos se proponía arrebatar al gobierno en Orizaba el dinero acumulado en esa plaza y las crecidas cantidades de tabaco que allí estaban al cuidado de la guarnición.

Con 10 000 hombres que formaban un ejército demoledor, Morelos abandonó Tehuacán el día 25 con rumbo a Orizaba. El día 10 había ordenado a Francisco Leyva que se adelantara hasta situarse en el rancho Guayabal, a la mitad de Orizaba y Córdoba, para vigilar un posible movimiento de retirada de los realistas. Leyva llevaba 600 hombres escogidos. Avisado del plan insurgente, el coronel Andrade hizo una salida y cayó sorpresivamente sobre las tropas de Leyva aniquilándolas por completo. Victorioso y optimista retornó a Orizaba.

Morelos bajó con su imponente ejército las cumbres de Acultzingo y se presentó ante Orizaba el día 28. Intimó rendición, como acostumbraba casi siempre, para evitar derramamientos de sangre a que tendía por sistema la vanidad del gobierno, y la respuesta de Andrade fue: "Que entre el señor Morelos, si puede" [80]. Engolosinado por su fácil triunfo sobre la tropa de Leyva, cometió el error aquel realista de subestimar a Morelos, su combatividad y sus condiciones de superioridad.

Hacia las ocho horas de aquel día apareció Galeana al frente de 1 200 soldados ante la garita de Angostura. Una poderosa columna realizaba un movimiento envolvente sobre las laderas de San Cristóbal, mientras otra más lo hacía por Santa Catarina, triple mecánica de pinzas sobre la garita. Cuando pretendió enfrentárseles el capitán realista Antonio Vivanco, vertiginosamente fue envuelto por los insurgentes y toda su tropa acuchillada hasta exterminarla totalmente.

Atento a los resultados, Morelos enfiló con su ejército sobre el frente de la Garita, el Fuerte. Adelantaban las tres columnas. No parecía haber oposición. Cuando se encontraban a escasos 25 metros dispararon sobre ellos desde los parapetos y la altura, artillería y fusilería, causando tremendos estragos sobre los insurgentes. Retrocedió Morelos para evitar mayores pérdidas y con el objeto de rehacerse.

Cuando se hubieron acercado las columnas de Santa Catarina y San Cristóbal, encargó de la vanguardia a Galeana para la embestida de frente, y encabezando a los de Santa Catarina se dirigió el caudillo hacia las elevaciones del cerro del Borrego. Era el punto que dominaba a Orizaba, y Andrade lo tenía desguarnecido, es decir, sin fortificar. A eso de las diez horas ya estaba cayendo el fuego de la artillería insurgente desde el Borrego sobre los realistas. Al propio tiempo Galeana arremetía sobre el Molino; Andrade tenía que replegarse y más tarde desocupar la plaza, so pena de ser exterminado con la poca gente que lo seguía bajo el nutrido fuego de los soldados de la libertad. Sus flancos habían sido perforados, su retaguardia estaba acosada y diezmada. De aquel conjunto que los ufanaba, no quedaba rastro apreciable. La retirada, aunque ordenada, era inevitable. Andrade, con positivo valor, se abrió camino con sus pocos soldados bajo el fuego de los insurgentes. Ríos de sangre y montones de cadáveres, cuando no las ruinas humeantes del bombardeo, eran los términos del cuadro.

Los soldados de Galeana y de Guerrero persiguieron al realista Andrade, una vez que abandonó a su infantería dejándola prisionera de los insurgentes. El acoso terminó casi a las puertas de Córdoba. Andrade no llevaba con él sino unos azorados soldados de caballería.

Eran las 11 horas cuando Morelos quedaba como indiscutible jefe de la plaza de Orizaba. "Acción tan brillante puso en manos de Morelos nueve cañones de todos calibres, más de 40 cajas de pertrechos, el armamento de la guarnición que ascendía a mil hombres, el valor que representaban 300 000 pesos en plata, alhajas y vales, y los que los realistas extrajeron del pueblo de Zongolica, permitió a sus soldados el saqueo de los almacenes de tabaco, que al fin mandó quemar. Con razón, pues, ha sido tan celebrada esta brillante acometida en la que lució el valor para combatir, la unión y disciplina para resistir, la previsión para tomar oportunamente todos los puntos del enemigo, y consumar gloriosamente la victoria" [81].

La villa fue cateada al día siguiente del triunfo y se recogieron los cadáveres de los realistas que pasaban de 300. Muchos oficiales y soldados españoles se habían ocultado en casas y otros sitios de donde fueron sacados y fusilados en su mayoría a la vista del pueblo en la plaza de Orizaba, para escarmiento. Morelos era implacable, mas no injusto.

Entre los prisioneros fueron encontrados dos traidores: el alférez Santa María y el capitán Bernardo Melgar. El primero fue hecho prisionero anteriormente, en la caída del Palmar; allí se afilió a los insurgentes y se juramentó. Más tarde pudo huir y regresó con los realistas, para continuar luchando contra Morelos. Melgar, a su vez, también había traicionado al caudillo.

Por el citado Santa María, "hijo de buenas familias", intervino la señora doña Mariana Rocha en cuya casa estaba alojado Morelos. Ella y la señorita González que era prometida del tal Santa María suplicaron al caudillo el perdón del caso. Morelos se mantuvo inconmovible, y al margen de la solicitud de indulto suscribió una frase: "Que se busque otro novio más decente." Ambos traidores fueron ejecutados.

La aguda previsión del caudillo le hizo considerar que el gobierno movilizaría todos sus contingentes disponibles en un esfuerzo desesperado por acabar con la insurrección al conocer la toma de Orizaba. Galeana por su parte era de opinión que se llamara a Matamoros con sus fuerzas, a don Nicolás y a don Miguel Bravo, pues de ese modo paralizarían el probable avance del poderoso ejército del coronel Luis del Águila que era el núcleo indicado para que el gobierno pretendiera, con ellos, cerrarle a Morelos el circuito de montañas que dividen a los Estados de Veracruz y Puebla.

Con la clásica percepción de circunstancias que en el caudillo era característica, consideró que no habría tiempo para realizar el propósito de Galeana y que tendrían encima a los realistas, mucho antes de que lograran reunir a los dispersos grupos aludidos, y para entonces el desastre era bien factible. Así pues, Morelos ordenó el regreso a Tehuacán a la medianoche del 31 de octubre. El movimiento era desde luego desordenado, por los cargamentos de tabacos de los soldados que así se resarcían un poco de vicisitudes anteriores.

Al llegar a Acultzingo y cuando se proponían coronar las cumbres para tomar posiciones estratégicas, se percataron con sorpresa de que los realistas se habían adelantado y ocupaban ya esas posiciones. La artillería fue colocada por el capitán Larios en una cumbre cercana, pero no ventajosa. La concentración de la tropa se hizo en el pueblo de San Pedro Chapulco.

A todo esto avisaron a Morelos que Galeana había caído en manos de los realistas. De inmediato dispuso el caudillo rescatar a su valiente general. Ya había ordenado que le trajeran de Tehuacán tres cañones, para contraatacar al enemigo. A eso de las siete de la noche avisaron los vigías que Galeana estaba sano y salvo entre sus tropas, rescatado por algunos denodados elementos de su tropa, pues había logrado permanecer escondido entre los árboles cuando los sorprendieron los realistas y diezmaron a los insurgentes. Cerca de Galeana yacían tres dragones que habían sido sus perseguidores y que habían caído bajo la espada del insurgente.

Morelos arribó a Tehuacán ordenadamente con sus tropas el 3 de noviembre de 1812, después del revés sufrido en Acultzingo.

Su extraordinaria intuición y los coincidentes rumores que le llegaron en el sentido de que el gobierno se preparaba para combatirlo en Tehuacán, plaza abierta que era difícil preservar de una acometida en regla por los realistas, decidieron a Morelos a abandonarla enfilando hacia Oaxaca sin previa consulta con sus brillantes generales.

Para entonces su ejército era fuerte en 6 000 hombres agrupados en brigadas que eran comandadas por Hermenegildo Galeana, Víctor Bravo, Miguel Bravo, Nicolás Bravo, Pablo Galeana, Mariano Matamoros, sin omitir a los denodados coroneles Vicente Guerrero y Félix Fernández, y algunos más. Intendente general del ejército insurgente designado por el caudillo en la campaña de Orizaba, era don Antonio Sesma, de honradez acrisolada y cuyos servicios de atención para la tropa realmente resultaban ejemplares.

Hacia el 12 de septiembre de 1812, Morelos dirigía una comunicación a Rayón sobre un asunto que lo preocupaba de tiempo atrás: la designación de su lugarteniente militar, de aquel en quien recaería el peso de la responsabilidad si el caudillo faltara, cargo para el que prefirió a Matamoros cuando también lo merecía sin duda don Hermenegildo Galeana. Decía a este respecto Morelos:

"Excmo. señor: Porque las vicisitudes de la guerra son varias, y mi segundo, el Brigadier don Leonardo Bravo está en México, he nombrado Mariscal al Licenciado D. Mariano Matamoros, cura de Tautetelco, por el mérito que en este año ha contraído organizando una brigada en Izúcar, y defendiendo aquella plaza, a más de lo que trabajó en Cuautla, y otros, a que se agrega su talento y letras; por cuyo motivo le he dado a reconocer por mi segundo, y a quien deberán ocurrir todos, y en todo lo de mi cargo en mi fallecimiento o prisión, *quod absit.*

"Hace pocos días —continuaba diciendo el caudillo— que le había nombrado brigadier de la sexta Brigada que en Izúcar está acabando de organizar y completar; pero su mérito y aptitud exige este último grado en las presentes circunstancias; pues aunque el Brigadier de la primera Brigada, D. Hermenegildo Galeana ha trabajado más y es de más valor, pero inculpablemente no sabe escribir, y por consiguiente le falta aquella aptitud literaria, que recompensa en el otro el menor trabajo personal. Sin embargo, el expresado Galeana, por su valor, trabajo y bellas circunstancias, es acreedor al grado de Mariscal, y por lo mismo se lo he conferido en recompensa de sus fatigas y para componer el juicio de los hombres, y prohibir una dispersión o desavenencia en un caso fortuito. Lo más que fuere ocurriendo lo iré participando, y V. E. correrá la palabra. Dios guarde a V. E. muchos años.— Septiembre 12 de 1812.—*José María Morelos.*—Al Excmo. Sr. Presbítero Lic. D. Ignacio Rayón.—Tlalpujahua [81]."

Tal designación de Morelos en favor de Matamoros postergando méritos de Galeana, resulta dudosamente justa o equitativa. Casi todos los comentaristas del caudillo [82] aducen documentos sobre el tema y llegan a igual conclusión. Asimismo, los historiadores en general atribuyen tal actitud de Morelos a la influencia e intrigas de aquel secretario suyo, licenciado Juan N. Rosainz, quien se dedicó a sembrar la discordia entre los insurgentes más destacados, a la vez que oficiaba de humilde lacayo de Morelos, con el fin de cubrirse así en su ingrata tarea divisionista. Que Morelos no se hubiera percatado oportunamente de tal trabajo desleal con que Rosainz socavaba sus resoluciones, parece innegable aunque reconocerlo no es de nuestro agrado. Pero esa tarea divisionista no pararía en tal acontecimiento, sino que se reflejaría como siniestra luz de fondo en la tragedia final del caudillo y sus repercusiones sobre el proceso de la revolución de independencia, como se verá oportunamente.

Ni por su forma literaria ni desde luego por su contenido, puede atribuirse a Morelos la redacción de la comunicación a Rayón que hemos transcrito. El estilo llano, preciso, directo, cortado a filo y sin imágenes literarias era propio del caudillo. Ni rebuscado ni demasiado cuidado. En cuanto al contenido y las ideas de tal escrito del 12 de septiembre de 1812, indudablemente son ajenos a Morelos. Por sus antecedentes y por su formación, por su conducta y por la escala de valores que regían su pensamiento, podrá observarse que el caudillo anteponía, lógicamente, los valores morales a los valores culturales. Ni resultaba admisible que concediera primacía a la preparación e instrucción de una persona simplemente para subestimar los méritos morales de quien ciertamente no sabía leer, pero dictaba cátedra de virtud en el ejercicio de la lealtad, en la valentía y el arrojo, en la convicción de sacrificio por la Patria, en quien además, sin pensar en sí mismo, había salvado varias veces la vida de Morelos. El escrito en cuestión era fruto de la sucia inteligencia de Rosainz, y no es fuerza mencionar nuevamente las fuentes documentales del caso, para considerar que Morelos lo firmó porque le daba salida a un principio de anarquía que trataba de evitar entre sus generales, pero que había sido creado y aun fomentado a sus espaldas por su propio secretario. Tan equivocado estaba el caudillo al dejarse sorprender en su buena fe, que la actitud posterior de Galeana así lo puso de manifiesto, con su humilde silencio, su disciplina sin rencores, su invariable lealtad hacia el hombre por quien sentía —sintió siempre— una admiración y un culto casi religiosos. Estas observaciones y comentarios, no afectan en modo alguno los merecimientos de Matamoros, ciertamente inobjetables. Si Morelos hubiera procedido a la inversa entre ambos generales, quizá otro hubiera sido el curso de los acontecimientos, en cuanto eran influibles éstos por los generales insurgentes.

En tales momentos de su tercera campaña victoriosa, Morelos lograba presentar contra el gobierno virreinal un ejército impresionante de 10 000 hombres. Cuando el ejército se movilizó aquel 10 de noviembre de 1812, sus contingentes y su fuerza podían resumirse en las cifras siguientes: la Sexta Brigada, formada por Matamoros y a su mando, enviada a incorporarse en Tehuacán por Morelos fuerte en 2 500 hombres perfectamente equipados y disciplinados, con el Regimiento de Infantería del Carmen al mando del teniente coronel Mariano Ramírez, 8 cañones, un obús de siete pulgadas, y el cañón de ocho arrebatado a Llano en su retirada de Izúcar; en esa brigada destacaba ya el teniente coronel Manuel Mier y Terán, cuya dirección en el arma de artillería era magnífica. Sumaban también los 2 000 hombres de Miguel Bravo, traídos de la región mixteca a Tehuacán. Otras partidas dispersas después de Acultzingo, llegaron a sumarse en un total de 500 hombres. De esta suerte, un total aproximado de 5 000 hombres venía a engrosar al ejército que ya comandaba Morelos, con otros 5 000. De este modo, aquel 10 de noviembre, el poderoso ejército de 10 000 hombres abandonaba Tehuacán sin precisar el rumbo que tomaría. Al frente iba Morelos con sus generales y oficiales: después del Capitán General, el Mariscal y Teniente General D. Mariano Matamoros, el Mariscal D. Hermenegildo Galeana, los generales D. Miguel Bravo, D. Pablo Galeana, D. Vicente Guerrero, los tenientes coroneles D. Félix Fernández y D. Manuel Mier y Terán.

Morelos se cuidó de que el gobierno ignorara el rumbo y la meta del ejército. Inclusive hizo cursar una nota al cura Sánchez —quien había quedado en Tehuacán provisionalmente, cuidando la plaza—, en que le decía que era probable que se dirigiera a Puebla "por el calor y falta de víveres". Cuando Sánchez abandonó la plaza para que la ocupara el realista Del Águila, "descuidó" el recado de Morelos para que surtiera aquellos propósitos del caudillo.

Abandonado Izúcar por Matamoros, fue ocupado por el comandante Bracho, de órdenes del coronel realista Llano, el 14 de noviembre. Ya el día 20 de ese mes se sabía que el objeto del caudillo era Oaxaca.

Era lento y penoso el camino a recorrer por el ejército. Lo abrupto de la región, lo duro y cambiante de su clima, lo escaso de los víveres y la poca agua disponible en el camino, unido todo esto a las agobiantes jornadas de muchas horas en las cuestas y otras tantas en el declive, siempre sorteando vericuetos caprichosos de la serranía, que parecía inacabable. El paso de los cañones y la artillería en general por aquellas brechas, entre rocas y precipicios, bajo el quemante sol que aun en noviembre es tremendo, permite asociarlas con aquellas jornadas también heroicas de Bolívar al transportar su artillería que, en ocasiones, rodaba con sus soldados al pie de los Andes [83]. Hasta en esa medida coincidían los genios de la insurgencia americana.

En Cuicatlán, a la vera del enorme peñón que sirve de marco al pueblo, los efectos del sol eran un infierno. Hambre y además insolación diezmaron a los soldados del caudillo. La caminata era un viacrucis, pero continuarla resultaba la única forma de vencer. Cuando arribaron al florido valle de Etla, risueño, tendido con su frescura y su agua en una planicie reconfortante y hermosa, los insurgentes consideraron aquello un paraíso. Allí descansaron y Morelos dictó su orden del día: "¡A acuartelarse en Oaxaca!"

Al frente del imponente ejército iba Morelos, cuando salieron de Etla. Lo precedía una avanzada que chocaría con dragones realistas y los aplastaría.

Cuando Morelos tuvo a la vista el panorama de la bella Antequera, ya el pánico había cundido entre la población. El obispo Bergoza, furioso detractor del caudillo, huía despavorido, y mucha gente hacía lo propio.

Para evitar la salida hacia el rumbo de Tehuantepec, se posesionó el coronel Montaño de las faldas del cerro de la Soledad, donde se levanta el venerado santuario. Otra finalidad era cortar el agua a la ciudad en caso necesario. La vanguardia quedó al mando de Galeana, la columna central obedecía a don Miguel Bravo, la retaguardia era comandada por Matamoros. Al frente de las columnas móviles de caballería e infantería de reserva, había quedado Morelos.

La artillería realista inició su defensa del Fortín de la Soledad ametrallando a los insurgentes. Morelos ordenó tomar esa posición a los coroneles Ramón Sesma y Manuel Mier y Terán, pues aquel fuego destroncaba toda operación de los asaltantes del fuerte.

Proeza extraordinaria fue el cumplimiento de sus órdenes para los coroneles insurgentes. A "pulso", y bajo la metralla realista subieron el cañón de a ocho, quitado antes a Llano en Izúcar, y lo instalaron. Se desató entonces el duelo de la fusilería. Morelos al frente de un contingente de caballería acude a cubrir las maniobras de sus coroneles, en medio de las acometidas a cañonazos de los realistas. Al percatarse de que han sido aseguradas las piezas, el caudillo se sienta en unas piedras y comienza a comer un pedazo de pan con queso, como si el peligro despertara su apetito, dice Bustamante.

Caen soldados heridos y muertos por cañonazos cerca de Morelos que lanza imprecaciones y alienta a los suyos. Mier y Terán empieza a disparar contra el Fortín de la Soledad y lo convierte en escombros inutilizando a la artillería realista. Fue la señal esperada: los realistas se desbandan en atropellada retirada. El coronel Bonavia, defensor del fuerte, huye con algunos grupos, por el puente levadizo que ha sido bajado con ese fin. Terán con algunos soldados ataca personalmente a quienes huyen y logra tomar el puente antes de que sea levantado de nuevo.

Fue en esos momentos del rudo combate cuando el coronel Félix Fernández (Guadalupe Victoria, futuro Presidente de la República), tuvo que arrojarse a un foso, para salvarse a nado, y a ese suceso atribuye la saga popular aquella frase: "Va mi espada en prenda, voy por ella", pues la espada del coronel había quedado al otro lado del foso en medio de la vorágine momentánea.

A tiempo que todo eso acontecía y quedaban las alturas de la Soledad dominadas por Mier y Terán que continuaba ametrallando a los realistas, el coronel Montaño se apoderaba de todas las salidas acometiendo y diezmando al adversario que huía. Por el rumbo del Marquesado penetraban arrolladoramente las fuerzas de Matamoros y Galeana; por el antiguo barrio de La Merced penetraba Larios al frente de sus tropas.

Galeana se posesionó del ilustre convento de Santo Domingo, después de atacarlo vigorosamente, a continuación lograba posesionarse del Convento del Carmen, en donde el realista Régules tuvo a bien esconderse dentro de un ataúd. Matamoros a su vez, en furiosos duelos a bayoneta, asalta los parapetos del Marquesado y arroja a los españoles hacia el barrio del Carmen, donde Galeana los extermina. Morelos continuaba recibiendo partes del combate abajo del Fortín de la Soledad, imperturbable ante el fuego enemigo. Cuando ordena que limpien de enemigos el campo sus leales fuerzas de la reserva, toda oposición ha terminado, la plaza se ha entregado a sangre y fuego.

El defensor, teniente general Antonio González Saravia, se dio a la fuga sin acompañante alguno: fue capturado por los insurgentes.

El 26 de noviembre toda la ciudad de Oaxaca había quedado en manos de los insurgentes. Las tropas hambrientas, sedientas de venganza, incontrolables, saquearon la ciudad, enturbiando así el formidable triunfo de Morelos que había superado mil penalidades para arribar a Antequera, en una verdadera odisea, desde el Cañón de Tomellín, San Antonio Nanahuatipan, Cuicatlán, San Pablo Huitzo, San Pedro y San Pablo Etla en que se había dado el toque de generala.

El botín recogido por el caudillo se estimaba en 700 fusiles, 74 cañones, pesos y grana en abundancia, así como reservas acumuladas de algodón, entre otros muchos valores. Los prisioneros políticos fueron liberados por Morelos. Los jefes realistas González Saravia, Régules y Bonavia, fueron fusilados.

Morelos escribió entonces a Rayón: "Pensé entrar en Oaxaca y entré con doce mil hombres. La acción no se debe a mí, sino a la Emperadora Guadalupana, como todas las demás" [84].

> "Los frutos morales y materiales de la victoria, fueron cuantiosos. Situada a mitad del camino entre México y Guatemala la posesión de Oaxaca significaba para Morelos el ascenso de un gran escalón que, de no perder el ritmo, lo conduciría pronto hasta el corazón de la Colonia. Venegas [el virrey] quedó perplejo y mucho se cuidó de que sus gacetas silenciaran semejante catástrofe. La estructura de la Nueva España se cuarteó, pues los insurgentes avanzaron hasta el Istmo de Tehuantepec, e incluso amenazaban el extremo occidental de la Capitanía de Guatemala. Y el final de 1812 —que así cerraba la tercera campaña de Morelos—, no podía ser más desalentador para la causa de Fernando VII en estos dominios [85].
>
> "En conclusión, la tercera campaña fue la más provechosa en la carrera militar de Morelos", afirma con razón Lemoine. Y continúa: "Aunque el caudillo se alejó del centro vital del virreinato, sus huestes libertadoras se dilataron por una vasta extensión del país, y entre otros logros, capturaron una importante ciudad —la más valiosa que rendiría el caudillo—, capital de Obispado y de Intendencia, punto equidistante entre México y Guatemala, mercado principal del comercio de la grana y fuente inagotable de recursos, tanto humanos como económicos y espirituales. Así, el año que empezara en Cuautla con tan optimistas vaticinios se cerraba con broche de oro en la hermosa Antequera, y Morelos, el inspirador y autor de aquella obra descomunal, llegaba a la cúspide de su carrera de conductor. Se había ganado, en verdad, el resonante título con que gustaron de llamarlo algunos de sus contemporáneos: Rayo del Sur [86]".

Durante su permanencia en Oaxaca, el caudillo prohijó el famoso *Correo Americano del Sur,* portavoz del pensamiento insurgente, hábil arma de difusión y propaganda. A la vez, en aquellos días posó ante pintor anónimo para que trasladara su figura a un lienzo [87]. Morelos lo apreciaba sin duda por su fidelidad, pues lo llevaría consigo en la cuarta campaña, lo mostraría en la rusticidad de aposentos del Congreso de Chilpancingo, hasta que cayó en poder de los realistas en Tlacotepec en 1814, fue trasladado a España y en 1910 lo reintegrarían los ibéricos a México, en acto de amistad con motivo de las fiestas de nuestro Centenario de la Independencia.

A propósito de esa pintura, la crítica ha dicho [88] que la composición es neoclásica, por el óvalo que hace de marco a la pintura; el dibujo, aunque incorrecto desde el punto de vista académico o naturalista, es preciso, bien definido; el color es elegante, aun en los contrastes, y está enriquecido por el oro de los bordados del uniforme, la cadena y el gran collar con una cruz. Toda la figura tiene aplomo y dignidad y el rostro, y la cabeza toda, que emerge del amplio cuello, está delineada con maestría y seguramente idealizada como la figura entera de manera que en conjunto, esta obra, excepcional por su expresión, es también reveladora de un ideal de arrogancia, de señorío y de poder —todo con sentido asaz bárbaro— que hemos de encontrar repetido más adelante. A tal apunte de la crítica, comenta Lemoine que "no era ideal sino muy real el aspecto de arrogancia, de señorío y de poder que exhibía el cura Morelos en sus días oaxaqueños, tan henchidos de satisfacciones y de esperanzas".

Difieren en apreciaciones algunos historiadores, para fijar el término de la tercera campaña: unos determinan que finaliza con la toma de Oaxaca; otros más, que llega a su fin con la toma de Acapulco. Tales divergencias de apreciación no alteran en todo caso los fines, circunstancias y objetivos de la campaña militar.

El panorama militar que contemplaba el caudillo posesionado de la ciudad de Oaxaca, era realmente alentador. Un cerco nervioso de montañas lo protegía en el sur y el oriente, por las derivaciones de la Sierra Madre y la Cordillera Central. Su ejército amenazaba a Orizaba y Córdoba en la ruta de Veracruz y también a la capital virreinal, sin dejar de constituir un peligro para el gobierno en Puebla, Cuautla y Cuernavaca. Excepto el puerto, la región veracruzana era dominada por don Nicolás Bravo. Por otra parte, en Michoacán prologándose hasta Colima, salvo Acapulco, los insurgentes impedían el comercio terrestre. Su control era absoluto en la bronca región mixteca. De la posesión de Oaxaca derivaba, como se ha dicho, su amplísima influencia hasta Guatemala. Con razón decía Morelos a Rayón, al comentar el cuadro: "Tenemos en Oaxaca una provincia que vale por todo un reino."

Además de haber auspiciado y ordenado la publicación del *Correo del Sur,* según se dijo en líneas anteriores, el caudillo aprovechó su tiempo en Oaxaca, para hacer elegir en una junta democrática al intendente, cargo que recayó en la persona de don José María Murguía, a satisfacción del pueblo. Asimismo designó a los integrantes del ayuntamiento seleccionándolos de entre aquellos mejor capacitados, afectos o militantes de la insurgencia. Se debió a Morelos el establecimiento de la maestranza en el antiguo Convento de la Concepción, jefatura que quedó encomendada a Mier y Terán, lugar donde se repusieron y arreglaron miles de armas. Atento a los múltiples problemas económicos que enfrentaba el movimiento, el caudillo fundó e hizo funcionar una casa y talleres destinados a la acuñación de moneda. Como no descuidaba en modo alguno la atención que los problemas religiosos demandaban, expidió un edicto que relacionaba la devoción y culto por la Virgen de Guadalupe, con los uniformes de los soldados y las costumbres de la juventud, haciéndolo obligatorio. Y a tal fin se esmeró en uniformar al ejército conforme a un plan bien delineado, dotándolo de equipo que sustituyera los gloriosos harapos.

Los uniformes de los soldados eran color café, morado o verde, con accesorios de cuero, "camisas, calzas y correaje blancos". Privaba asimismo el uniforme azul oscuro, con intensos rojos, pantalones gris o blanco, jorongo claro, adornos negros o color café. Los alférez llevaban uniformes con enseña azul y blanco. Morelos portaba uniforme semejante a sus generales, muy al estilo franco-español de la época, aquel con que lo reprodujo un indígena mixteco en el óleo donde aparece tosco y robusto, a fines de 1812. En el óleo puede verse a Morelos en uniforme de Capitán General, gorro negro en la noble cabeza, elegante guerrera de elevado cuello con doradas cenefas sobre fondo azul oscuro; en el cuello lucía el pectoral que habían encontrado los insurgentes en el asalto al convoy de Veracruz y que estaba destinado al obispo de Puebla. Dicha joya fue entregada al cura Sánchez en aquella ocasión y éste la regaló posteriormente a Morelos. Podía verse que en la extremidad de la cruz había hecho colocar Morelos una imagen de oro de la Virgen de Guadalupe. Conservaría siempre esa preferencia por la venerada Señora del Tepeyac, lo que indicaba, además de sus inquebrantables convicciones religiosas, el respeto y cariño con que cuidaba la memoria del señor Hidalgo, pues el progenitor había sido el primero en establecer esa costumbre entre los insurgentes, como protección y bandera.

Mientras Morelos deliberadamente se mostraba indeciso respecto al rumbo que tomaría su ejército desde Oaxaca, se lograba así mantener en un estado de alerta y de inquietud al gobierno virreinal que se veía obligado a distraer a sus efectivos de un sitio a otro, pues ignoraba cuál plaza podría ser atacada vertiginosamente por el caudillo, quizá Puebla, tal vez Acapulco, posiblemente la propia capital de la Nueva España. Unía el caudillo a su extraordinaria intuición estratégica, esa penetrante capacidad psicológica con que ocultaba sus movimientos del enemigo, descargaba sobre él la sorpresa para abatirlo, lo mantenía en continua zozobra, debilitaba su ánimo y su voluntad para luchar. Todo ello era parte de su gran categoría política mezclada a sus dotes singulares de caudillo militar.

Era el 9 de febrero de 1813 cuando Morelos salía de Oaxaca al frente de su poderoso ejército. Iba a procurar la toma de la plaza de Acapulco que permanecía sitiada en parte desde el Veladero por Julián Ávila. Iban a cumplirse dos años del frustrado ataque, que Morelos no podía olvidar.

Con el fin de poner término a una especie de guerra de castas que los realistas fomentaban en perjuicio de la causa insurgente, Morelos tuvo que desviar su ruta lógica del camino hacia Acapulco. No ha quedado bien claro, mas era probable que tomara un derrotero distinto para continuar engañando al gobierno respecto a sus designios militares finales, distrayéndole así efectivos y creándole mayores desgastes.

Cruzó el ejército insurgente por Etla, Huitzo, Nochixtlán, Yanhuitlán y Teposcolula. Se alejaban del mar en lugar de acercarse. Iban en pos de las Mixtecas alta y baja. El caudillo intervino en la cruel guerra de castas y logró imponer orden y comprensión. En Yanhuitlán dejó encargado del poder a Matamoros, en la baja mixteca. Hasta allí, el recorrido no era ostensiblemente agobiante, pero la segunda parte del itinerario sería terrible.

Con artillería pesada y limitaciones en los víveres y el agua, Morelos continuó enfilando hacia la serranía abrupta y hostil que limita, remotamente, en el litoral. De Tlaxiaco inició el ascenso en la Cuesta de Putla, con animales y artillería y equipo: 18 horas llevaba el ascenso dificilísimo. Pasado Putla tomaron por Santiago Zacatepec y San Pedro Amusgos, adonde llegaron el día 4 de marzo. Algo menos de un mes se había empleado en recorrer y dominar esa región, quizá la más pesada y dura de la sierra oaxaqueña. Por brechas donde apenas caminaba una bestia, es difícil suponer cómo lograba Morelos transportar la impedimenta y ascender y descender con la artillería. En noches carentes de toda luz, sólo los animales, especialmente los machos podían por instinto caminar en esos senderos apenas trazados por el paso centenario de los indios. Apuntaba la vanguardia en el día al abrirse un desfiladero y todavía no caía el crepúsculo cuando apenas aparecía al otro lado del mismo cerro. Así, serpenteando por horas y horas fueron pasando esos días de fatiga y desgaste físico espantoso. Poca agua, alimento limitado, un sol que caía a plomo sobre hombres y bestias. Calor inmisericorde. Cansancio que obligaba por grandes tramos a caminar jalando las bestias en lugar de montarlas, como única forma de mitigar las largas horas del jinete deshecho. Metida la temperatura y el fuego solar hasta la entraña de los cerros, aun las horas de la noche eran calientes, se aspiraba un calor sofocante que brotaba del suelo, se agotaban hombres y bestias en el duro derrotero.

Todavía en San Pedro Amusgos intervino Morelos para restablecer el orden y la armonía. De allí enfiló el ejército hacia la costa chica guerrerense. Ometepec, Azoyú, Cruz Grande, San Marcos, Cacahuatepec, Paso Real de la Sabana y, finalmente, Veladero. Principiaba abril cuando Morelos podía descansar la vista fatigada con el espectáculo reconfortante, la bella bahía de Acapulco y su paisaje azul. Morelos había desafiado inclemencias y calores durante el trayecto, no se arredró ante el clima que desde los días de Tahuejo templaron su voluntad. Aspiró seguramente la brisa llegada del mar que un ejército sediento consideraba como gracia de la naturaleza. El día 6 de abril dio sus instrucciones para el asalto de la plaza de Acapulco.

A todo esto, el virrey Venegas era sustituido por Félix María Calleja del Rey en el cargo, en la ciudad de México, desde el día 13 de febrero de 1813. Con algún retraso había recibido la noticia Morelos, quien no dejó de considerar que ahora debería estrechar más sus empeños militares, pues se enfrentaría a un ejército que estaba en manos de un militar prestigiado en su profesión como Calleja. La saña y la crueldad se intensificarían, como método de terror empleado por Calleja. La campaña sería implacable. Mayores sacrificios demandaría la lucha de los insurgentes. Mayor disciplina e inteligencia.

Los realistas eran fuertes en varios puntos. Las alturas de La Iguana y La Mira estaban bien protegidas y dominaban el Castillo y la ciudad. Las defensas del Hospital y del Padrastro, ofrecían bastante seguridad a los españoles.

Morelos intimó rendición al capitán Pedro Antonio Vélez, antes de atacarlo, pero este oficial rehusó entregar la plaza. Era soldado de carrera, bien dotado y valeroso.

Con cañones de pequeño calibre y con fuerzas seleccionadas, Morelos inició el ataque. Galeana se hizo del cerro de La Iguana en furiosa embestida, según era su estilo de suicida. El coronel Julián Ávila dominaba entretanto el cerro de La Mira. Felipe González con sus soldados comenzaba a posesionarse de los aledaños de la población y entraba en las casas de las orillas. Cuatro días duró el combate y el ataque, la resistencia y el asalto. El día 12 ordenó Morelos el ataque general a la plaza.

Cayeron 100 hombres y 4 cañones defendiendo el Hospital, el fuerte del Padrastro y las demás defensas de la ciudad. Ésta quedó en poder de los insurgentes. Los realistas comandados por Vélez retrocedieron y se refugiaron en la fortaleza de San Diego. El caudillo era dueño de la ciudad, los realistas eran fuertes en San Diego. Desde la isla de la Roqueta se abastecía el fuerte, en ella estaba una compañía con 3 cañones de pequeño calibre, 2 lanchas, 14 canoas y la goleta armada "Guadalupe" [89].

Galeana dio cumplimiento a las órdenes del caudillo, y avanzando por la noche logró sorprender a los realistas y les quitó la goleta "Guadalupe" pasando a cuchillo a sus defensores. La acción de Galeana se realizó con 80 hombres de sus fuerzas. A ese triunfo sucedió la llegada del galeón "San Carlos" que así neutralizó el éxito de los insurgentes, e impidió la rendición del fuerte.

Transcurrían semanas en el asedio. Escaseaban víveres y agua entre los realistas. Morían por epidemias y hambre las personas humildes. El gorgojo invadía al trigo. Sin sal, aceite y carne, la resistencia se venía abajo.

Morelos inició la obra de una mina a 84 metros de la contraescarpa de los fosos que circundaban la fortaleza. Acumulados los explosivos para destruir al fuerte, supo que la explosión acabaría con gran cantidad de niños y mujeres que allí se habían refugiado. Pudo más su concepto cristiano que sus exigencias militares y desistió del propósito.

El 17 de agosto, por la noche, Morelos hizo cortar las comunicaciones con el mar. Galeana atacó por Hornos hacia el extremo del promontorio, soportando el fuego de cañones y fusilería del enemigo. El coronel González atacó a su vez por la margen izquierda, a modo de encontrarse más tarde con Galeana. Cuando así se hicieron de los fosos, podían iniciar el escalamiento de los muros de San Diego. Aconteció que, entonces, los españoles izaron la bandera de parlamento.

Vélez dispuso rendirse, a condición de que los prisioneros fueran respetados con "honores de guerra". Morelos aceptó. El 20 de agosto de 1813 ondeaba sobre San Diego la bandera azul y blanca.

El convenio de rendición de Acapulco establecía que "...y para que se efectúen estos tratados con la circunspección y solidez que es debida, y este acto entre otros muchos sea un testimonio de que las tropas americanas saben guardar el derecho de gentes, y tratan con indulgencia a los que se rinden, especialmente cuando sólo en acción de guerra usan de las armas, lo firmamos en Acapulco a 19 de agosto de 1813. *José María Morelos. Pedro Antonio Vélez*" [90].

Ejecutaban las bandas la marcha de honor, cuando Morelos, al frente de sus generales, presenciaba la salida de los realistas. Aquella recomendación que el señor Hidalgo le había hecho a Morelos en su histórica entrevista, había sido cumplida: Acapulco estaba en poder del ejército insurgente.

De lo importante del botín alcanzado, dan noticia las cifras siguientes: 407 mosquetes, 50 sables, 35 machetes, 145 lanzas, 50 cajas de pólvora, 80 piezas de artillería diversas, 6 morteros de 12 pulgadas, 20 000 balas de cañón, banderas, algunas provisiones, y 200 prisioneros.

En forma excepcional, Morelos autorizó la celebración de un banquete, uniformado de gala como sus generales, y entre ellos algunos jefes realistas ya rendidos. Algunos historiadores señalan el hecho de que el caudillo, puesto de pie, brindó en la siguiente forma: "¡Que viva España, sí, pero España hermana y no dominadora de América!" El valor, la constancia, el temple heroico y la lealtad de aquella tropa —oficiales y soldados— que seguía a Morelos con verdadera pasión, bien merecía, en todo caso, aquel banquete. Con esto podía considerarse terminada la campaña en la etapa que va, desde octubre de 1810 hasta el 19 de agosto de 1813 [91], con la caída de Acapulco.

Resentido el déspota Calleja, sometió a proceso al valiente defensor de Acapulco don Pedro Antonio Vélez. Por años, despreciado y vejado, fue postergado por el gobierno. Para 1819 había muerto. Su viuda intentó que Apodaca rehabilitara su memoria, sin lograrlo. Hasta en el reconocimiento del valor para los suyos, era injusto el virreinato.

De la gloriosa campaña militar de Morelos en sus tres etapas reseñadas, recogía la historia reverentemente los nombres que su genio había hecho ilustres: El Veladero, Tixtla, Cuautla, Huajuapan, Orizaba, Oaxaca, Acapulco. Pero además y de modo preferente dejaba constancia de haber organizado, el primero, un ejército verdadero para su época, disciplinado y profesional, con doble mérito porque salía del pueblo y se formaba en los campos de batalla, sin mejor escuela que la realidad de la lucha, sin más pertrechos que los arrebatados al enemigo, sin otra fe que la causa que perseguían. Por ello Morelos expresaba un día: "La causa que defendemos vale más que todos los hombres." Tal premisa los llevó a la heroicidad de que el caudillo y después de él Galeana, eran ejemplos que no habrían de ser superados. Así se formó el primer ejército de la República, de la República en gestación.

Pero el estratega extraordinario, el guerrillero insuperable, el intuitivo de la acción no sólo era un relámpago, era mucho más que el "Rayo del Sur", el jinete de las distancias increíbles y de los albazos y sorpresas fabulosas. Morelos era el genio, y por ello su tarea parecería inconclusa si solamente estuviera constreñida a la epopeya de su rectoría militar que de las chusmas alucinadas y maravillosas que siguieron a Hidalgo logró formar un cuerpo de ejército con espíritu de clase y con sentido de responsabilidad. Morelos tuvo la visión política y social que su estatura histórica explica, para crear el Estado Mexicano, es decir, para crear con base en la Constitución, la Nación Mexicana. El grupo esclarecido de que supo rodearse y de cuyas luces y abnegación él era paradigma, inspirándose en el pensamiento del patricio y atendiendo a la realidad, con vistas al futuro del país, hizo la Carta de Apatzingán. Tan grande en lo militar como impar en la elaboración del Código Supremo, Morelos dictaría una cátedra para todos los tiempos de la historia de México.

V. EL CONGRESO DE ANÁHUAC Y LA DECLARACIÓN DE INDEPENDENCIA. EL SIERVO DE LA NACIÓN

LA MISIÓN que el señor Hidalgo había encomendado a don Ignacio López Rayón al encargarlo de dirigir la Junta Suprema de Gobierno, dejaba mucho que desear a lo largo de aquellos años de 1810 a 1813.

Rayón había perdido de modo irreversible toda autoridad en dicha Junta. Su egolatría mezclada a su envidia hacia Morelos lo llevaban de un error a otro permanentemente. Ni en lo militar ni en lo político demostraba la capacidad que fuera de desearse. Al consultar la correspondencia [92] cruzada entre Morelos y Rayón, se da cuenta el lector de la minoría de edad intelectual de este último y de los continuos errores que dañaban desde luego a la causa común de la insurgencia. Rayón llegaría a lo inaudito cuando censuraba a Morelos la publicación del Decreto Constitucional para la Libertad de la América Mexicana, sancionado en Apatzingán el 22 de octubre de 1814 [93]. Sometido Morelos a los dictados de la Junta, tuvo el acierto de no confundir la disciplina de grupo con los intereses de la nación, antepuso éstos a aquélla y procedió con la autoridad moral y militar que acreditaban sus méritos en todo el país. Así concibió la celebración del Congreso de Chilpancingo.

El Congreso no sólo daría cumplimiento a las elevadas tareas preparatorias de orden constitucional que el patricio se proponía —y con él, su grupo de excepción—, sino que sentaría las bases para dar término a la anarquía de que eran cabezas los jefes Rayón, Osorno, Liceaga, Cos, Verduzco y otros más; todos independientes entre sí, con perjuicio de la unidad y de la causa; todos ajenos a la más elemental coordinación y por ello, fáciles de aniquilar por los ejércitos de Calleja.

De los inicios de febrero de 1813 en que abandonó Morelos la plaza de Oaxaca, a la toma de Acapulco, habían transcurrido siete largos meses que Calleja no dejó de aprovechar apoderándose de Tlalpujahua, Huichapan, Zimapán, las márgenes del río Mezcala, y radicándose finalmente en Tepecoacuilco. Frente a tal invasión de realistas que amenazaba neutralizar los éxitos militares de Morelos, apenas el general Nicolás Bravo lograba sostenerse en San Juan Coscomatepec y constituir, de tal forma, un amago para las plazas de Orizaba y Córdoba, así como para los convoyes de suministros procedentes del puerto de Veracruz. Caro resultaba a Morelos el triunfo de Acapulco que permitió rehacerse al adversario.

Morelos dio forma a sus viejas meditaciones sobre el establecimiento jurídico del orden y sus ideas sobre la creación del Estado Mexicano. Lo que Rayón y su grupo desavenido no pudieron lograr como finalidad esencial de la Suprema Junta de Gobierno, debía realizarlo Morelos, si sus éxitos militares tendían, como medios de lucha, hacia aquella finalidad superior: la Constitución.

Pensó que debería celebrarse un Congreso de representación nacional, integrado por diputados de todas las provincias, hasta donde fuera factible, y en la que estuvieran los capitanes generales del ejército insurgente. Un congreso al que había de considerarse "el representante de la soberanía, centro del gobierno y depositario de la suprema autoridad que debían obedecer todos los que proclamaban la independencia de México".

Morelos pensó —con apego a su estrategia y a las circunstancias— que debía celebrarse el congreso en Chilpancingo. Elevó el pueblo a la categoría jurídica de ciudad, bajo el nombre de Nuestra Señora de la Asunción [94].

El día 13 de septiembre de 1814 dieron principio las tareas del Congreso. Era el paso inicial para la elaboración posterior de la Constitución. Morelos, el genio militar, cedía el paso en la historia al gran reformador, al constructor jurídico de la nación.

Aquella mañana celebró el sacrificio de la misa el cura castrense del Ejército del Sur, doctor Francisco Velasco, quien llamó a todos a deliberar sin estériles pasiones y a atender exclusivamente al bien de la nación.

A continuación de la misa, fue leído por Rosainz, el reglamento provisional que había redactado Morelos para norma de las sesiones. Se eligió diputado por Tecpan al licenciado José Manuel Herrera.

Como un eco de mezquindades llegaban hasta Chilpancingo las argucias e intrigas de Rayón tendientes a evitar la celebración del Congreso. No obstante, el día de la apertura estaba allí, diputado por la Nueva Galicia.

Asistentes al recinto parroquial, sede del Congreso, eran las siguientes personas: capitán general don José María Morelos y Pavón, teniente general don Manuel Muñiz, y los diputados que circunstancionalmente había designado el propio caudillo: el ya citado Ignacio López Rayón, el doctor don José Sixto Verduzco por la provincia de Michoacán, don José María Liceaga por la provincia de Guanajuato, don José María Murguía por la provincia de Oaxaca, el ya citado don José Manuel Herrera, don Carlos María de

Bustamante que era suplente por la provincia de México, don José María Cos suplente por Veracruz, y don Andrés Quintana Roo por la provincia de Puebla.

Al tenor del acta que levantó en esa solemne ocasión don Juan Nepomuceno Rosainz, "ante la concurrencia de los diputados y de los oficiales más distinguidos del Ejército, como la de los vecinos de reputación en estos contornos, el Excelentísimo señor Capitán General pronunció un breve y enérgico discurso sobre la necesidad en que la Nación se halla de tener un cuerpo de hombres sabios y amantes de su bien que rijan con leyes acertadas y den a su soberanía todo el aire de majestad que corresponde".

El caudillo, después de estudiar y corregir el documento, desechó lo que le había preparado Bustamante para el referido día 14. Sustituyó tal discurso por su famoso trabajo que leyó allí Rosainz y que, como inspiración general del espíritu de la constitución, recogería la historia bajo el rubro de "Sentimientos de la Nación".

Con singular acento mexicano, Morelos coincidía y en algunos casos aventajaba al equipo de ideas que sirviera de sustentación al pensamiento en que se inspiraran los movimientos liberadores de los Estados Unidos de Norteamérica y de los enciclopedistas franceses. En modo alguno trasladaba Morelos aquella ideología a su peculiar modo de pensar. Sin despego de su tiempo, daba la sensación de atisbar el porvenir; sin despego de la tierra que pisaba y de su drama, alzaba la extraordinaria hondura de su pensamiento hacia los siglos posteriores. No era solamente el iniciador, el progenitor, sino que era el visionario: cualesquiera que fuesen en el futuro los cambios y modalidades filosóficas en la transformación social y en las modificaciones constitucionales que sufriera la nación mexicana, la mayoría de sus conceptos permanecerían intactos, con validez permanente, con esa condición inalterable del apotegma que es válido para todos los tiempos, que se inspira en la verdad, el bien y la razón.

En sus *Memorias* —que reproducirían Pedro de Alba y don Nicolás Rangel, en 1924— explicaba don Guillermo Prieto un suceso de capital interés en torno de aquellos "Sentimientos de la Nación" que en 23 puntos dictó Morelos.

> "Quintana Roo, en su vejez, le refería al propio don Guillermo Prieto, que antes de la apertura del Congreso fue llamado por Morelos, porque quería dictarle algunas ideas elaboradas por él, para que posteriormente Quintana Roo las ordenara y corrigiera en forma debida. Quintana Roo tomó asiento cerca de una pequeña mesa de trabajo, y el Caudillo,

como poseído de una exaltación extraña, paseaba a lo largo de la habitación, dictando en voz alta y por su orden, los puntos relativos a la Constitución. La voz y el gesto eran de un inspirado y de un convencido; la terminar el dictado, Quintana Roo se levantó de su asiento. Estaba persuadido de que aquel hombre veía cosas no aprendidas en libros; su asombro se traducía en entusiasmo, turbación y reverencia, y le dijo terminantemente a Morelos: 'Señor, no tengo nada que corregir. Ruego a usted que no aumente ni quite nada a estas cosas que usted acaba de revelar'; dando a entender que con toda su cultura y preparación se veía muy pequeño frente de aquel hombre de la mirada penetrante y firme, que tan bien había descubierto, entre todo el complejo pensamiento de su país y de su raza, la esencia misma de sus anhelos."

Don Andrés Quintana Roo, que fuera vicepresidente del Congreso de Chilpancingo, como es bien sabido estaba casado con la ilustre progenitora de la Independencia, doña María Leona Martín y Vicario. Aunque calumniados y combatidos ambos [95], se mantuvieron íntegramente adictos a los postulados de la insurgencia y dieron ejemplo de limpieza moral durante toda su vida. Persecuciones, vejaciones, despojos de sus pertenencias, humillaciones por los poderosos de esa hora, nada logró torcer la voluntad que los animaba, fieles a la causa de la libertad. Después de su adhesión militante con el señor Hidalgo, una vez que acontecieran los sucesos infortunados de Acatita de Baján, don Andrés y doña Leona se aprestaron a cooperar en la Junta Suprema Gubernativa de Zitácuaro, al lado de Rayón. Posteriormente, Quintana Roo pasó a militar al lado de Morelos y fue sin duda uno de los cerebros más esclarecidos que contribuyeron con sus luces a integrar el Congreso y más tarde a redactar la Constitución en Apatzingán.

Los "Sentimientos de la Nación", también llamados 23 puntos dados por Morelos para la Constitución, fueron los siguientes:

1. Que la América es libre e independiente de España y de toda otra Nación, Gobierno o Monarquía, y que así se sancione, dando al mundo las razones.

2. Que la Religión Católica sea la única, sin tolerancia de otra.

3. Que todos sus ministros se sustenten de todos, y solos los diezmos y primicias, y el pueblo no tenga que pagar más subvenciones que las de su devoción y ofrenda.

4. Que el dogma sea sostenido por la jerarquía de la Iglesia, que son el Papa, los Obispos y Curas, porque se debe arrancar toda planta que Dios no plantó: ...*omnis plantatio, quam non plantavit Pater meus caelestis, eradicabitur.* Mateo, cap. XV, vers. 13.

5. Que la Soberanía dimana inmediatamente del Pueblo, el que sólo quiere depositarla en sus representantes dividiendo los poderes de ella en Legislativo, Ejecutivo y Judiciario, eligiendo las provincias sus vocales, y éstos a los demás, que deben ser sujetos sabios y de probidad.

6. (Este artículo, que aparece omitido en algunos originales, como el de 1881 consultado por Vargas Martínez en su obra, sufrió fusión, fue incorporado al 5, lo que resultó "de vital importancia para una mejor comprensión, de cómo debía considerarse la idea de soberanía en el pensamiento insurgente".) [97]

7. Que funcionarán cuatro años los vocales, turnándose, saliendo los más antiguos para que ocupen el lugar los nuevos electos.

8. La dotación de los vocales, será una congrua suficiente y no superflua, y no pasará por ahora de ocho mil pesos.

9. Que los empleos los obtengan sólo los americanos.

10. Que no se admitan extranjeros, si no son artesanos capaces de instruir, y libres de toda sospecha.

11. Que la Patria no será del todo libre y nuestra, mientras no se reforme el gobierno, abatiendo el tiránico, substituyendo el liberal, y echando fuera de nuestro suelo al enemigo español que tanto se ha declarado contra esta Nación.

12. Que como la buena ley es superior a todo hombre, las que dicte nuestro Congreso, deben ser tales que obliguen a constancia y patriotismo, moderen la opulencia y la indigencia, y de tal suerte se aumente el jornal del pobre, que mejore sus costumbres, aleje la ignorancia, la rapiña y el hurto.

13. Que las leyes generales comprendan a todos, sin excepción de cuerpos privilegiados, y que éstos sólo lo sean en cuanto el uso de su ministerio.

14. Que para dictar una ley se discuta en el Congreso, y decida a pluralidad de votos.

15. Que la esclavitud se prescriba para siempre, y lo mismo la distinción de castas, quedando todos iguales, y sólo distinguirán a un americano de otro, el vicio y la virtud.

16. Que nuestros puertos se franqueen a las naciones extranjeras, pero que éstas no se internen al reino por más amigas que sean, y sólo haya puertos señalados para el efecto, prohibiendo el desembarco en todos los demás señalando el 10% y otra gabela a sus mercancías.

17. Que a cada uno se le guarden las propiedades y respete en su casa como en un asilo sagrado señalando penas a los infractores.

18. Que en la nueva legislación no se admitirá la tortura.

19. Que en la misma se establezca por Ley Constitucional la celebración del día 12 de diciembre en todos los pueblos, dedicado a la patrona de nuestra libertad, María Santísima de Guadalupe, encargando a todos los pueblos la devoción mensual.

20. Que las tropas extranjeras o de otro reino no pisen nuestro suelo, y si fuere en ayuda, no estarán donde la Suprema Junta.

21. Que no hagan expediciones fuera de los límites del reino, especialmente ultramarinas, pero que no son de esta clase, propagar la fe a nuestros hermanos de tierra adentro.

22. Que se quite la infinidad de tributos, pechos e imposiciones que más agobian, y se señale a cada individuo un cinco por ciento en sus ganancias, u otra carga igual ligera, que no oprima tanto, como la alcabala, el estanco, el tributo y otros, pues con esta corta contribución, y la buena administración de los bienes confiscados al enemigo, podrá llevarse el peso de la guerra y honorarios de empleados.

23. Que igualmente se solemnice el día 16 de septiembre todos los años, como el día aniversario en que se levantó la voz de la independencia y nuestra santa libertad comenzó, pues en ese día fue en el que se abrieron los labios de la Nación para reclamar sus derechos y empuñó la espada para ser oída, recordando siempre el mérito del grande héroe, el señor don Miguel Hidalgo y Costilla y su compañero don Ignacio Allende.

Chilpancingo, 14 de septiembre de 1813.

José María Morelos

"Morelos —dice Remolina— rompió con el mito del fernandismo, desvinculando a México del Imperio Español, estableciendo como principio la división de poderes y representación popular." Dicha actitud fernandista era grata en sus diversos proyectos [97] a López Rayón, lastre colonialista de su pensamiento o conveniencia transaccionista con el virreinato. Afectos a invocar el apoyo de la monarquía, tendían a considerarla un apoyo de la soberanía hombres del prestigio de Santa María, Cos y Bustamante, sin percatarse, al parecer, de que tal apoyo la haría nugatoria, pues el fin padece de los medios que lo sustentan. No así Morelos, cuyo concepto separatista de España —y de toda otra nación— y su convicción de que el pueblo era capaz de discernir su propio gobierno, lo hacía depositario de su misma soberanía al través de sus representantes en el Congreso, y lo llevaba a dictar, en una cláusula de esencia autodeterminante, su credo de la libertad, y con él, a quienes compartían totalmente su radicalismo independista: Sotero Castañeda, Manuel Sabino Crespo. Idea revolucionaria que tres siglos de postración no concebían, pero que era compartida por todos los generales de Morelos, Galeana a la cabeza, con Matamoros y los Bravo.

Para el caudillo, la soberanía radicaba en el Congreso libremente elegido, y éste era la voz del pueblo, "paso seguro hacia la independencia". Mente esclarecida, Quintana Roo hacía suyos los conceptos de Morelos en su totalidad. Contra la tesis tradicionalista de Rayón apoyada un tanto en el temor y otro tanto en la conveniencia de quien pretendía disputar las glorias militares de Morelos desde un escritorio, el patricio "apela por que las condiciones sean distintas radicalmente, tiene confianza en su generación y en los hombres del futuro" [98].

De aquel cuadro de temores, indecisiones, intrigas de la anárquica Junta de Zitácuaro, parece desprenderse el contraste que establece la actitud de Morelos, quien no concebía la integración de la patria sino en función de la independencia absoluta. Si la tortuosidad, el escarceo en cumplir la obligación, y la indecisión ante la demanda del arrojo hubieran de considerarse condiciones del político, Morelos no podría en caso alguno ser tenido como un político. Era el reverso de las cosas negativas de su época, y por ello era el reformador. Su ejemplo dictaría una cátedra para todos los tiempos; en su alcance moral, sentaría las bases de un concepto superior de la política, como una proyección de la conducta y de la acción en servicio del pueblo. Del grado en que fuera escuchado y seguido por las generaciones futuras, dependería la grandeza de México. El caudillo era un visionario en la misma medida en que era también un convencido. Era su condición de estadista. Y todo esto lo animaba el genio.

Adelantándose a su siglo y a la posteridad, no sólo establecía la división de los poderes que en todo caso era la tesis norteamericana y francesa, sino que la dotaba de elementos especialmente mexicanos, en cuanto a la mecánica de su proceso y la salud moral de su integración.

Sentía en carne propia las injusticias y privilegios que privaban en los medios del clero. De su decisión por moralizarlo quedaban muchos testimonios, y de su energía ante los prelados cuya concupiscencia con el gobierno era condenable, quedarían los expedientes de Oaxaca. Inspirado en aquella determinación de equidad y justicia, también se propuso reformar el uso que se daba a los diezmos en detrimento del bajo clero.

De los elevados fines que la revolución se proponía —de que eran fruto y gloria las tres campañas militares del caudillo—, daba constancia y era norma el capítulo undécimo de los "Sentimientos". Adelantándose al siglo XX, Morelos exponía su pensamiento social en el capítulo 12. Y más aún, podría observarse que como patriota extraordinario y estadista perspicaz, avizoraba el expansionismo de otros países, no confiaba demasiado en la ayuda exterior, advertía de peligros futuros —que ya apuntaban en su tiempo— [99], a las generaciones venideras. Preveía los acontecimientos el caudillo, sin descuidar de mantener por ello —adelantado en política exterior— la imperativa necesidad de las relaciones equitativas con otros países. Con menos de cuatro décadas de anticipación, Morelos parecía considerar los peligros de una política anexionista y su voz adquiría, en los "Sentimientos", un acento de advertencia y de presagio. Compartiendo sus temores, a su lado estaba el pensamiento de Alderete, Soria, Galeana, Argandar, y aferrados en su contra estaban Rayón, su Junta, Santa María, Cos y Bustamante. El tiempo daría la razón a los liberales de Morelos.

Continuador insigne de la tarea del señor Hidalgo ya el 5 de octubre de 1813, Morelos había decretado la abolición de la esclavitud, ordenando desde Chilpancingo que "los intendentes de Provincia y magistrados velasen por que se pusiera en libertad a todos los esclavos que habían quedado, y que los naturales que formaran pueblos y repúblicas, hicieran sus elecciones libres y presididas por el párroco y juez territorial". (Este principio sería refrendado el 15 de septiembre de 1829 por don Vicente Guerrero, e incorporado posteriormente al texto de la Constitución de 1857). De tal forma, Morelos no sólo se adelantaba a otras muchas naciones, en materia jurídica, sino en más de un siglo a sus realidades humanas. (Diversas instituciones internacionales del siglo XX considerarían una conquista de su ideario el sostener e incorporar a sus postulados lo que desde entonces sostuvo Morelos en Chilpancingo con una clarividencia y honradez inigualables.)

La designación que había hecho el señor Morelos de los suplentes para integrar la representación en el Congreso, no sólo obedecía a las circunstancias por él mismo previstas sino sancionadas por aquel organismo en sus sesiones de los días 8 y 9 de octubre, si bien quedaban sentadas la bases para la elección, tanto en los "Sentimientos" como posteriormente en la Constitución. El caudillo tornaba a prever, con anticipación de muchas décadas, los vicios probables del sistema electoral, y tendía a evitarlos con medidas que testimoniaban los "Sentimientos" y apuntaba el Reglamento.

Morelos volvía a revelarse como un visionario de excepción en el orden de las relaciones civiles que limitaban al poder público, pues establecía la necesidad de crear la inviolabilidad del domicilio. En cuanto a posibles e irritantes privilegios, apuntaba lo que mucho después sería considerado un reparto equitativo de la riqueza, pues tal era el espíritu del punto 12 de los "Sentimientos".

Fiel a la observancia de la división de poderes, era lógico, además de saludable, que Morelos estableciera una norma de respeto inalienable para el curso de discusiones del Congreso, y la obligación y condición de que toda ley para ser dictada fuera antes discutida en la representación nacional.

Más de un siglo se adelantaría al curso de la historia no solamente del continente americano sino de otras latitudes, al proscribir la tortura como un medio de coacción del poder público.

En materia de educación, pese a las limitaciones que la época imponía, Morelos inspiraría un notable adelanto, con apego a la razón, en el texto posterior de la Carta de Apatzingán. Ya desde la toma de Acapulco, el caudillo externó sus opiniones sobre la soberanía y la educación, cuando por primera vez y quizá como respuesta a las desavenencias y el caos imperantes en la Junta de Zitácuaro, propugnó la celebración de un Congreso y la urgencia de una carta constitucional. A todo esto daba respuesta el Congreso de Anáhuac, la reunión trascendental de Chilpancingo.

Con llaneza poco común en los comentaristas e historiadores, aunque no ajena en parte a la verdad, Alfonso Teja Zabre afirma lo siguiente: "Morelos tuvo los golpes del genio que le faltaron a Hidalgo; el prestigio militar que no conoció Juárez; la victoria, que negó a Degollado sus laureles; la muerte luminosa y tremenda en las aras de la Patria que no fue concedida por el destino ni a Juárez ni a Zaragoza para coronamiento de sus vidas heroicas. El hombre que desdeñó el título de Alteza y prefirió ser llamado Siervo de la Nación; el que antes de morir reconoció a

Hidalgo como su maestro, aceptaría sin duda, mejor que la soledad olímpica de un trono imaginario, la compañía de sus hermanos en patriotismo y grandeza, todos reunidos y equiparados."

Con fecha 6 de noviembre de 1813, fue proclamada por la Asamblea el Acta de Independencia de México, que a sugestión de Morelos redactó Bustamante con las ideas fundamentales del caudillo:

> "El Congreso de Anáhuac, legítimamente instalado en la ciudad de Chilpancingo de la América Septentrional por las provincias de ella, declara solemnemente a presencia del Señor Dios, árbitro moderador de los Imperios y autor de la Sociedad, que los da y los quita, según los designios inescrutables de su providencia, que por las presentes circunstancias de la Europa ha recobrado el ejercicio de su soberanía usurpado; que en tal concepto, queda rota para siempre jamás y disuelta la dependencia del trono español."

Precisaba el acta que por virtud de haber recuperado el ejercicio de su soberanía, "la nación es árbitra para establecer las leyes que mejor convengan para el mejor arreglo y felicidad interior; para hacer la guerra y la paz" o establecer alianzas con otros Estados soberanos y Concordatos con el Sumo Pontífice. Establecía como oficial la religón católica, y declaraba "reo de alta traición a todo el que se oponga directa o indirectamente a su independencia, ya protegiendo a los europeos opresores, de obra, palabra o por escrito, ya negándose a contribuir con los gastos, subsidios y pensiones para continuar la guerra hasta que su independencia sea reconocida por las naciones extranjeras". Tan importante documento aparecía "dado en el Palacio Nacional de Chilpancingo, a los seis días del mes de noviembre de 1813", y firmado por el Lic. Don Andrés Quintana Roo, Vicepresidente; Lic. D. Carlos M. Bustamante; Dr. D. José Sixto Verduzco, D. José María Liceaga y el Lic. Cornelio Ortiz de Zárate, como secretario

En la misma fecha lanzaba el Congreso un Manifiesto a la Nación Mexicana en que exhortaba al pueblo a apoyar su causa "por humildes que fuesen, por amor a la Patria y a la Libertad". Expresaba el Congreso que era un servidor de la nación (idea fundamental de Morelos); y entre otros conceptos aludía a la Constitución de Cádiz de 1812 y declaraba que el nuevo Estado se fundaría sobre la doctrina del pacto social.

Con anterioridad, Morelos había enviado a Estados Unidos de Norteamérica, en calidad de embajador, a Don Manuel de Herrera, siempre con tendencia a precisar los sentimientos que privaban hacia la insurgencia y, en todo caso, a lograr su reconocimiento. Hizo acompañar a Herrera por el ya coronel insurgente, el valeroso norteamericano Peter Bean, quien se había distinguido en la tercera campaña del caudillo. Bean se hizo cargo del hijo de Morelos, Juan Nepomuceno Almonte (apellido de la madre doña Brígida Almonte), quien iba destinado por su padre a Nueva Orleáns, para educarse (de esto se trataría posteriormente ante la Inquisición). Ya Bean había realizado, él solo, otro viaje similar a los Estados Unidos, por encargo de Morelos; regresó por Barra de Nautla, alcanzó al caudillo en Puruarán y allí recibió la nueva comisión y le encargaron al hijo. Tiempo después diría Bean: "abandoné a Herrera y Almonte, para volver a México, pero durante mi ausencia, Morelos había sido capturado por los españoles y fusilado" [100]. Durante el proceso inquisitorial, Morelos declararía "haber enviado a su hijo [de nueve años, en junio] a Estados Unidos, al cuidado del Lic. Herrera y del Lic. Zárate, representantes de la Junta".

El Congreso, asediado por los ejércitos españoles de los que llegaban noticias alarmantes, daba término a sus sesiones hacia el 15 de enero de 1814. [101]

Morelos regresaba a Chilpancingo y preparaba su cuarta campaña.

VI. LA CUARTA CAMPAÑA

"Aún queda un pedazo de Morelos, y Dios entero."

La finalidad de la cuarta campaña de Morelos era extender su dominio militar a toda la parte central del país. Allá a lo lejos, en ese nuevo plan, quizá el caudillo se decidiera, si las circunstancias eran favorables, por intentar la posesión de la ciudad de México. Pero en este tiempo no parecía entrar en sus planes todavía: como si la intuición o la táctica chocaran con esa idea, cuando la tuvo casi a la mano desechó la oportunidad de entrar a la capital de Nueva España.

Objetivos o metas de su cuarta campaña eran los siguientes: hacerse de Valladolid, ciudad de buenas comunicaciones, para establecer allí la sede del Congreso. Diseminar y asentar a sus tropas en Guadalajara y San Luis Potosí.

Consecuente con sus propósitos generales, el caudillo movilizó a sus tropas en esta forma: al general Nicolás Bravo con su gente le ordenó salir de Huatusco para posesionarse de las márgenes del Río Mezcala. Al teniente general don Mariano Matamoros le dio instrucciones para que dejara Tehuicingo, que era su cuartel general desde el triunfo en San Agustín del Palmar, y le mandó movilizarse hacia Cutzamala después de cruzar por Tepecoacuilco. Al comandante de Oaxaca, don Benito Rocha, lo instruyó para establecerse en Tehuacán. Don Miguel y don Víctor Bravo, al frente de unos mil hombres bien equipados, recibieron la consigna de custodiar a los miembros del Congreso.

Con natural optimismo que el pueblo celebraba y estimulaba por medio de sus expresiones de júbilo al despedirlos, salió de Chilpancingo la tropa selecta de Morelos, el 7 de noviembre de 1813. La encabezaba el caudillo, entre aclamaciones y vítores. Todos o casi todos los grupos de guerrilleros de diversos rumbos, se habían ido reuniendo al poderoso ejército insurgente.

La tropa hizo rumbo hacia Valladolid dejando atrás o cruzando las poblaciones de Tlacotepec, Tetela, Pesuapa y Tlalchapa, al superar la sierra y los ríos, los vados y lo accidentado del terreno.

Bravo y Matamoros, con sus tropas, embistieron al ejército realista de Moreno Daoiz, en Tepecoacuilco, y lo empujaron hacia Cuernavaca, en una forzada marcha montañosa.

El caudillo y Galeana arribaron a Cutzamala, venciendo terrenos hostiles a marchas forzadas, y allí se reunieron más tarde, con sus tropas, los generales Bravo y Matamoros.

Fuerte y fresco el poderoso ejército insurgente, bajo la jefatura de Morelos, ha adquirido una impresionante y amenazante contextura de combate. Echa a andar por las orillas del Mezcala; lo rebasa por la margen derecha y enfila hacia Huetamo. Llegan a Carácuaro el día 12 de aquel mes de noviembre y la mirada del caudillo posiblemente se humedece a la vista de su humilde curato que abandonó para entrevistarse con el señor Hidalgo; se cumplían ya dos años de aquellos días en que al frente de 25 hombres mal armados el párroco se perdía a caballo, jinete incomparable, en su aventura por la libertad.

Es muy escasa la información de que se dispone, para conocer los estados de ánimo del caudillo, su mundo interior. Por sus actos conoce la historia la profunda ternura, la energía inflexible, la honda humildad que presidía su actitud ante el Congreso, la Constitución y los deberes que demandaba la Patria. Apenas en algunos párrafos epistolares dejaba una huella, un trasunto, de sus emociones. Quizá entonces, en Carácuaro, con amargo placer retrospectivo se veía a sí mismo, con su pobreza, su valor, sus sueños por la independencia. Transformado aquel sencillo cura de pueblo en el caudillo poderoso de ahora, quizá con el camino a medio andar, pues estaba en vías de realizar su empeño por establecer el orden constitucional, pero con la meta aún lejana y distante, ante un camino de sacrificios y de lucha. Debió de haber pensado todo esto Morelos, y su ánimo se exaltaba ante lo mucho que faltaba por hacer.

La fiesta dedicada a la Virgen de Guadalupe fue disfrutada y presidida por Morelos, en Carácuaro. Tres días después enfilaba el ejército hacia Valladolid. En el camino se le iban sumando otros grupos: los de Muñiz, Arias, Ortiz y Vargas.

Fuerte en cinco mil setecientos hombres que integraban las armas de infantería y de caballería, con abundantes provisiones y municiones, y con treinta cañones de diversos calibres, el ejército insurgente cruzó por Tacámbaro, Tiripitío y Undameo. El 22 de diciembre de 1813 acampaban sus fuerzas en el lomerío de Santa María, hacia la parte sur. Allá al fondo, visión sedante, se tendía Valladolid.

Calleja era un ególatra sanguinario, sin duda; pero era asimismo un militar calificado y un político astuto. Atento a los movimientos del ejército insurgente, consideró que su meta era la ciudad de Valladolid. En tal virtud, ordenó al brigadier Llano que abandonara Ixtlahuaca y se reuniera en Acámbaro con el coronel Agustín de Iturbide. Fusionadas conforme a tales órdenes las tropas de ambos, entraban en Indeparapeo el 23 de diciembre. Eran 2 000 soldados de Llano y mil de Iturbide que servían la infantería, caballería y artillería.

El cuadro que presentaba Valladolid era de angustia. El comandante de la plaza, Domingo Landázuri, contaba únicamente con 800 hombres, y esperaba ser atacado por un ejército de 5 000. Presa de pánico, mandaba propios a Iturbide demandando ayuda. El canónigo Abad y Queipo hacía caso omiso de su supuesta dignidad y se convertía en agitador de las chusmas llamándolas, desde la cabalgadura, a resistir y cooperar con el medroso comandante. Se levantaban barricadas y se apresuraban trincheras elementales. La alarma era general. Todo lo esperaban del arribo oportuno de las fuerzas realistas de Llano e Iturbide. En los preparativos para abandonar la ciudad, se hacinaban los bultos y enseres diversos por las calles de Valladolid.

Morelos intimó la rendición por un comunicado que debía entregar a Landázuri un músico de la catedral llamado Nicolás Luján, quien iba de regreso a la ciudad después de asistir a una "fiestecita". El ultimátum aparecía fechado en el "Campo sobre Valladolid, diciembre 23 de 1813, a la una del día". Firmado por José María Morelos, al Sr. Comandante de Armas en Valladolid. (Lucas Alamán atribuye a Rosainz la redacción de tal escrito).

Tuvo razón Alamán al observar que "la suerte del país iba a decidirse entre dos nativos de Valladolid: Morelos e Iturbide, y a la vista de la ciudad que había sido su cuna".

El plan de ataque del caudillo fue trazado a grandes rasgos. Morelos atacaría el sur de la ciudad partiendo de las Lomas de Santa María. Hermenegildo Galeana y Nicolás Bravo, con sus dos divisiones respectivas que ascendían en total a 3 000 hombres y que eran orgullo del ejército insurgente, deberían apoderarse de la Garita del Zapote, situada al noreste de la plaza, punto estratégico para el ataque; allí quedaría la división comandada por Bravo, mientras Galeana entraba a la ciudad.

Como un relámpago, Galeana al frente de su heroica caballería atacó por dos flancos dominando rápidamente, a sangre y fuego, el punto denominado la Garita. Lo siguió Bravo con sus fuerzas que afirmaron la posesión y establecieron la retaguardia.

Inmediatamente enfiló Galeana con sus tropas arrollando las defensas de la ciudad que se le oponían. Empezaban a concentrarse sus batallones de infantería, cuando se desplomó sobre los insurgentes toda la fuerza que los realistas habían acumulado en el interior. Los cañones barrieron materialmente con los jinetes de

Galeana en gran parte, pero don Hermenegildo sostenía la unidad en la embestida, con un valor suicida y una disciplina que derivaba de su ejemplo. Francotiradores realistas sumaban su puntería a la defensa, abatiendo a los insurgentes. Galeana logró sobreponerse al infierno de los defensores que se abatía sobre los atacantes, y penetró sobre cañones y soldados a los que se mezclaban los civiles. Empezaba a consolidar el terreno conquistado, cuando se dejó escuchar la fusilería, todavía distante, por el lado de la Garita del Zapote. Eran las fuerzas de Iturbide que al llegar rodeaban a la división de Bravo.

Se cumplía de este modo la información que Ramón Rayón había dado a Morelos previniéndolo de la casi segura fusión de las fuerzas de Llano e Iturbide. Rayón solicitaba ayuda, que el caudillo no pudo enviarle, para interceptar el paso de los realistas. Sin obstáculo alguno, la caballería iturbidista pudo llegar al combate en el momento que resultaba decisiva. Ante la acometida, Bravo no pudo resistir y abandonó la Garita a los dragones realistas que ascendían protegidos por el lomerío. Perdía Bravo tres piezas de artillería y 233 hombres convertidos en rehenes. En desordenado repliegue, las fuerzas llegaron a fundirse con las de Galeana.

Desde las 3 de la tarde, por espacio de dos horas y media, Galeana y Bravo con sus diezmadas divisiones se mantuvieron peleando en condiciones desventajosas contra las fuerzas de los defensores de la plaza hacia un flanco, y por el otro, con las numerosas avanzadas de Llano e Iturbide: resentían enormes bajas.

Morelos ordenó a Matamoros que fuera en ayuda de sus generales, al frente de su magnífica división, pero Galeana, desesperado al ver que no lograba impedir la pérdida completa de sus fuerzas, ya que en breve tiempo acabarían de llegar al combate las divisiones realistas, decidió abrirse paso entre unos y otros atacantes, en una maniobra de epopeya. Salvaba gran parte de sus golpeadas divisiones incluyendo las tropas de Bravo, y perdía unos 700 hombres y valiosos pertrechos, pero había estado a punto de que acabara con él completamente el adversario.

Llegaban noticias al campo insurgente, acerca de las enormes pérdidas realistas, pues "los heridos no cabían en los hospitales de Valladolid". Bravo, por su parte, "lloraba como un niño por la pérdida de su división de héroes". Poseído de ira, Galeana exigía reanudar inmediatamente el combate y el ataque. Destrozado por fuera y sucio de pólvora y golpes, pero con el ánimo enhiesto, don Hermenegildo era como un símbolo de la voluntad de lucha de todo un pueblo. Morelos, inexplicablemente indeciso, confiaba a Matamoros "la dirección de las nuevas maniobras militares".

Aún no se había perdido la acción de Valladolid, mas toda indecisión obraría en perjuicio de los insurgentes. En esa espera no se jugaba sólo una acción de guerra sino los destinos de la revolución de independencia. Transcurrió toda la noche del día 23. Los realistas se atrincheraban mejor, llegaba sin obstáculos el resto de las fuerzas de Llano e Iturbide. Morelos se mantenía indeciso. Subordinados al caudillo, sus generales insistían en reanudar la acometida, sin lograrlo. Así transcurrió aquella noche, en abstención inexplicable.

Se abre un espacio turbio en este pasaje trascendental de la vida militar del caudillo que, hasta la fecha y por falta de mejor documentación, sólo permite la conjetura de los historiadores. A la altura de esas fechas no podría atribuirse a desaliento o escepticismo la causa de las dudas de Morelos respecto a la conveniencia de recrudecer el ataque sin dar tiempo al adversario para reponerse y recobrarse, puesto que los resultados finales no estaban aún a la vista. Fuerte aún el ejército insurgente, reconcentrados sus dispersos efectivos, las condiciones de acometer otorgaban posibilidades de triunfo todavía. Como simple suposición sobre el origen de aquella demora que dictaba el estado de ánimo del caudillo, podría relacionarse su origen con aquel malestar de que adolecía, el cual se manifestaba en sus continuos "dolores de cabeza", probable mal hepático. Veremos posteriormente que sus "estados de ánimo crepusculares" son más frecuentes y que obraban sobre su voluntad y paralizaban en determinados lapsos el uso de su proverbial energía. Podría haber sido todo esto la causa de su indecisión ante el enemigo, mas el resultado le sería adverso.

Con las facultades de que Morelos lo había investido, ordenó Matamoros desplegar la infantería en línea de dos en fondo, visible debilidad ante los realistas que los observaban. Atrás quedaba la caballería, en las lomas, dispuesta a reforzar a los infantes, en caso necesario.

Llano ordenó a Iturbide que practicara un reconocimiento, y éste lo inició con 160 infantes y 190 jinetes de "Fieles de Potosí", unidos a los dragones de San Luis y San Carlos y los Lanceros de Orrantía. Cuando Iturbide estuvo cerca de las primeras líneas insurgentes, cambió su plan de reconocimiento e inició el combate: llevaba un infante a la grupa con cada jinete, lo que doblaba sus contingentes engañando a los patriotas. Rompió las líneas de infantería insurgente y resistió la embestida de la caballería de éstos que acudía a repeler el súbito ataque de los iturbidistas. Al caer la tarde, los patriotas se retiraban desordenadamente perseguidos por los realistas, ya reforzados, a su vez, quienes lograban penetrar hasta el campamento del caudillo poniendo a éste en grave peligro de ser capturado. El campamento se hallaba defendido por 97 cañones.

Envuelto el campo por las sombras de la noche, se acuchillaron los insurgentes entre sí, confundiéndose en la oscuridad y atacándose ferozmente, mientras los realistas se retiraban para dejarlos en aquel infierno fratricida. Esto acabó considerablemente con la mayoría del ejército libertador. La retirada ordenada por Morelos se convirtió en "fuga incontenible".

De la confusión fratricida dan interpretaciones diversas los historiadores. Se atribuye al caudillo la orden de embadurnar por completo de negro a los soldados, para combatir sin ser vistos por los realistas. Se afirma que Iturbide, conociendo tan extraña orden, hizo lo propio, atacando así a los patriotas y abandonándolos más tarde en plena matanza recíproca. Tal situación se tilda de pueril [102] entre los comentaristas de aquel suceso. Lo cierto es que los resultados obraban contra el ejército de Morelos con características de desastre.

Fueron vanos los esfuerzos de Matamoros, Galeana, Bravo y Sesma por detener a los soldados poseídos del pánico: "perdíanse sus voces de mando en el ronco estruendo de las armas, y entre la ensordecedora gritería de los combatientes, y la oscuridad nulificaba el prestigio que hubiera alcanzado a la luz del sol, su presencia y su ejemplo". [103]

Fuesen o no verídicas las pretendidas "lagunas mentales" de que supuestamente adolecía Morelos en aquellas circunstancias, lo que contaba era la audacia de Iturbide y la derrota del ejército insurgente que perdía, en forma incontenible, en el combate de las lomas de Santa María, su importante material de guerra reunido en Chilpancingo y sus anteriores victorias, gran parte de sus divisiones y la oportunidad soñada por el caudillo de reunir al congreso en la tierra donde había nacido que ofrecía, ostensiblemente, las mejores condiciones para el objeto.

Llano ordenó a Iturbide la persecución de los insurgentes, que se realizó aceleradamente. Fuerte en 3 000 hombres, la tropa de Llano arribaba al campamento del caudillo no encontrando más, en la devastación, que al confesor de Morelos, quien "fue conducido en angarillas a Valladolid y fusilado en una de las plazas de dicha ciudad": era otra muestra de la "justicia ejemplar" que preconizaba Calleja.

Con escasos elementos logró llegar Morelos a la hacienda de Chupío, y allí reunió algunos contingentes de la desbandada, perseguido de cerca, de manera incansable, por la gente de Iturbide.

Desde Puerto Viejo, sitio no alejado de la zona del desastre, Galeana agrupaba a otros jefes y a sus partidas. Fue entonces cuando el caudillo, dirigiéndose a Quintana Roo en una epístola, explicaba que debían llevarse con paciencia las adversidades, y sentenciaba: "Aún queda un pedazo de Morelos, y Dios entero."

Era proverbial en Morelos que su voluntad se sobrepusiera a los embates de la adversidad. Mucho más peligroso era cuando parecía volverle la espalda la fortuna que en la cima del triunfo. Aquellos días, con un esfuerzo positivamente heroico y un dominio sobre las circunstancias hostiles que resultaba extraordinaria, se situó a 22 leguas de Valladolid, al suroeste, en Puruarán, resuelto a enfrentarse a los realistas. Supone la crítica histórica, al estudiar sus reacciones, que Morelos volvía a sufrir el espejismo de aquel estado de ánimo que lo mantuvo indeciso para atacar frente a Valladolid, sólo que en esta ocasión se manifestaba a la inversa: en lugar de retirarse para acabar de reunir sus contingentes y recobrarse de la derrota por completo, decidía entablar el combate en visibles condiciones de inferioridad numérica, con la moral despedazada todavía y privado de su artillería. Sólo como un fenómeno enfermizo superior a su voluntad, puede concebirse el empeño de Morelos en esa ocasión, ya que sus condiciones de estratega incuestionable debieron conducirlo a coincidir con la opinión de sus generales, otra vez reunidos con él —Matamoros, Galeana, Bravo, Ramón Rayón— que aconsejaban combatir desde la hacienda de La Loma, apenas a unas cinco leguas de Puruarán y cuya topografía la hacía más ventajosa para la defensa. Allí serían fácilmente dominados por la artillería realista, según observaba el intendente Sesma —comentado por Bustamante—. No cejó el caudillo, alentado por Muñiz que así preservaba sus sementeras de caña de La Loma, amenazadas por "aquel ejército hambriento".

Ante el inminente ataque de Llano e Iturbide cuyas tropas se hallaban reunidas nuevamente para combatir, Morelos aceptó retirarse a la hacienda de Santa Lucía, a unas seis leguas de Puruarán: una vez más obedecía a las causas de su irregularidad psíquica al contraerse al supuesto interés que por su persona y su vida fingían unos cuantos aduladores que ya para entonces empezaban a rodearlo y a influir en sus determinaciones. Resultaba obvia la gran importancia que su presencia tenía ante la tropa maltrecha y diezmada; pero el caudillo decidió confiar el mando nuevamente a Matamoros y privar a sus soldados del estímulo que su compañía significaba.

Continuaron cavando trincheras. Se confundía lamentablemente la disciplina con la ceguera, en materia de táctica y estrategia, por

Matamoros ante las observaciones acertadas y oportunas de Rayón. Aún más: se ordenó a Ramón Rayón situarse con 500 hombres al extremo opuesto del río, desde el que le sería imposible auxiliar a Matamoros, en caso de exigirlo la batalla.

Como lo pronosticaran los generales de Morelos, el desastre para los sufridos insurgentes fue completo aquel día 4 de enero de 1814. Matamoros contestó el fuego de cañones con el único cañón de que disponía. Todavía se sostuvo con heroicidad la infantería durante algún tiempo, bajo el fuego de la artillería. Por las brechas abiertas con los cañones, perforaron los realistas al diezmado ejército insurgente entrando a sangre y fuego en sus filas. La caballería realista los flanqueaba, sin que la artillería dejara de aniquilarlos. Cuando lograron vadear el río en la carrera, algunos grupos desorganizados de infantería y otros de caballería, más de 700 soldados quedaban atrapados por los realistas. Lograban ponerse a salvo, entre aquellos grupos, Galeana, Bravo y los Rayón; no así don Mariano Matamoros cuyo caballo cayó muerto en la refriega. Montó a otro pero no logró cruzar el puente, atestado de cargas. Intentó refugiarse allí cerca, en una trinchera. Uno de sus propios oficiales, de la escolta de Orrantía, Eusebio Rodríguez, lo denunció. "Premiaron" su denuncia con 200 pesos, y al día siguiente fue fusilado.

Fueron fusilados también más tarde dieciocho oficiales insurgentes hechos prisioneros en el combate. El saldo insurgente de muertos ascendía a 600, aproximadamente, además de los ya citados 700 prisioneros. Pero la mayor satisfacción de los realistas es la captura de Matamoros. Lo condujeron a Pátzcuaro ante la cobarde befa popular; lo trataron con sadismo los soldados españoles, y lo fusilaron en los portales de la Plaza Principal de Valladolid (que ahora lleva el nombre de Matamoros) la mañana del 3 de febrero de 1814. Habían sido inútiles las angustiosas propuestas de Morelos al Virrey para canjear a Matamoros por 200 prisioneros del Batallón de Asturias: no le interesaba al Virrey salvar las vidas de sus soldados, si podía satisfacer su instinto sanguinario a expensas de una pretendida lección de energía.

Bustamante diría en justo elogio de Matamoros lo siguiente: "Acreditó su pericia militar en el asedio de Cuautla"; fue incuestionable "su valor personal en la raya de Guatemala y su táctica profunda en San Agustín del Palmar, en cuya campaña humilló la arrogancia del Batallón de Asturias y perdonó a los prisioneros en el momento del furor".

De él comentarían algunos historiadores "que en obediencia a la autoridad militar sacrificó su libertad en la batalla de Puruarán, y fue fusilado, presa de la saña española" [104]. Es verdad que Calleja recibió extemporáneamente la proposición de Morelos, mas también es de suponer que no habría aceptado el canje a que lo invitaba el caudillo. Ni la piedad ni el respeto por la vida humana fueron características de Calleja.

En la mayor depresión moral desanduvo Morelos su camino. Ascendía por el río sin apartar de su pensamiento la imagen y la valía de su queridísimo teniente general don Mariano Matamoros. Un profundo dolor se asociaba en su ánimo a la postración de que dieron indicio los días anteriores. El caudillo se sentía desolado, abatido, en una honda melancolía que le hacía sentir indiferente, anuncio quizá de su no lejano escepticismo.

Cuando arribó a Ajuchitán, a la derecha del río Mezcala, ya se le habían unido unos mil hombres de todo aquel ejército que dispersó la derrota de Puruarán. Morelos los veía como entre sueños, como desde una oración interior que estuviera diciendo a la memoria de Matamoros.

Achaca la historia a la depresión que sufría, el hecho inexplicable para su jerarquía de estratega, de haber designado nada menos que a Rosainz para sustituir a don Mariano. Con ello no sólo trabajaba contra sí mismo y contra la causa de la independencia, sino que lastimaba los justos merecimientos de Galeana y de Nicolás Bravo. Cualquiera de estos dos generales, y principalmente don Hermenegildo por su arrojo y su lealtad, hubieran merecido el puesto que había honrado con su conducta Matamoros.

Tal designación de Rosainz marcaba el declive del caudillo; era un punto más en la sucesión de errores que el gran estratega, el genio militar de las victorias espectaculares de las tres campañas anteriores, cometía ante propios y extraños, en contra de la razón y del buen juicio. Sólo el caudillo parecía ignorar que Rosainz, un civil, no era otra cosa que un intrigante de ínfima categoría, un leguleyo sin dignidad y un traidor por temperamento. "Todo esto era síntoma de que Morelos aún no salía del lastimoso colapso mental en que había caído a raíz del frustrado asalto a Valladolid." [105]

Sobrestimando sus recursos humanos, decía Morelos al Congreso por aquellas fechas "que dejaba cubierto con más de 2 000 hombres el lado de Carácuaro por donde temía se acercasen los realistas" y que, "con otros 2 000 se disponía a proteger a aquel cuerpo por el rumbo de Chilpancingo". [106] Ilusión de óptica del caudillo o matrera información de Rosainz: no contaba Morelos sino con mil hombres y 150 de su escolta personal, según declararía posteriormente ante el tribunal de la Inquisición. Tal era la situación de desamparo en que se hallaban los insurgentes.

Busca el investigador en los archivos un solo documento que sirva, ya no de exculpante sino de simple explicación para suavizar la actitud de Morelos, al designar a Rosainz y nada encuentra en qué apoyarse. El caudillo había creado aquel ejército con sacrificios y victorias, con heroicidad y valentía ilimitada, y ahora lo ponía en manos de un hombre de tan poca monta, exactamente cuando la derrota, los reveses y la dispersión requerían de una rectoría que pudiera reagrupar, unificar y exaltar a los insurgentes.

El Congreso desalojó Chilpancingo al acercarse los realistas de Armijo, y fue a instalarse en Tlacotepec, en la sierra, hacia el oeste de aquella ciudad. Vicente Guerrero estaba encargado de salvaguardar al Congreso. Unas semanas después del arribo a Tlacotepec, se recibía allí la noticia de la derrota de Puruarán, el fusilamiento de Matamoros y la increíble designación de Rosainz. Perseguido por los españoles, el caudillo se reunió con los congresistas en Tlacotepec y fue allí donde le dieron noticia de la muerte de Matamoros. A la angustia que venía padeciendo por su captura en los días pasados, se sumaba ahora el aplastante dolor por su pérdida. Morelos sentía que se derrumbaba por dentro. A tal grado, que le fueron indiferentes las cobardes manifestaciones de hostilidad popular con que lo recibieron algunos grupos de mendaces, so pretexto de las derrotas sufridas.

Rosainz, naturalmente aliado a López Rayón que establecía el otro extremo de la mediocridad envidiosa contra Morelos, cultivaba la intriga con un tesón singular. Desde su torpeza ambiciosa, Rayón se atrevió a decir que "era conveniente mandar a Morelos a decir misas nuevamente en su parroquia de Carácuaro", y concluía afirmando que el caudillo debía renunciar al Poder Ejecutivo. Curiosa ironía de la historia: quien así osaba expresarse del gran caudillo militar de la independencia, era nada menos que el insurgente dedicado a la intriga de antesala, el que había querido siempre simular una valía militar de que carecía, el que siempre quiso entrar a la historia por la puerta falsa de la escribanía leguleya y de la zancadilla oportunista.

El Congreso, alineado para el caso por Rosainz, tuvo la debilidad de escuchar los exabruptos y resentimientos de López Rayón, y determinó pedir a Morelos su renuncia. En tal panorama de ingratitudes y actos contrarios a la razón, era lógico que Rosainz fuese el encargado de transmitir al caudillo la resolución del Congreso.

A tal confabulación de deslealtades y de torpezas, Morelos contestó con la natural elevación moral de su patriotismo. Y respondió al Congreso que él había creado y por el cual continuaba sacrificándose más allá de toda limitación, "que si no se le creía útil ya como general, serviría de buena voluntad como simple soldado". De este modo se cerraría el destino de Morelos y del Congreso, bajo los signos dolorosos de una derrota definitiva que, no por lejana, era menos cierta y ominosa.

El Congreso se hizo cargo del Poder Ejecutivo. Morelos, con aparente mando militar, quedaba reducido a los 150 hombres de su escolta personal para obedecer su mandato. Lo que restaba del ejército quedó a las órdenes de Rosainz. El caudillo no pudo menos que expresar su desacuerdo ante tales medidas. Empezaban lógicamente los choques y fricciones del caudillo y los hombres del Congreso.

La astucia cortesana de Rosainz no se encontraba a la altura de su nuevo cargo. Su falacia no estaba en razón directa de las exigencias militares de la hora. El núcleo de 1 600 hombres que mandaba Rosainz por resolución del Congreso, se integraba con los soldados de Galeana, los dos Bravo y de Vicente Guerrero. Combatían sin desmayo por su convicción de patriotas, pero la ausencia de Morelos los desanimaba sin duda. Así que, bajo la "inteligente" dirección de Rosainz, fueron completamente derrotados en Chichihualco por los realistas de Armijo. Generales y tropa se dispersaron, para salvar la vida.

Armijo de inmediato enfiló hacia Tlacotepec, para aprehender a Morelos y al Congreso y acabar con la insurgencia. Arribó allí el día 24 enterándose de que el caudillo había abandonado la población un día antes. Continuó Armijo la persecución a marchas forzadas, y a dos leguas de ese lugar, en el Rancho de las Ánimas, estuvo a un paso de capturar a Morelos. El caudillo se despojó de las ropas que lo denunciaban y logró ponerse a salvo mientras el coronel Ramírez trataba de detener al enemigo, a costa de su vida.

Allí en Las Ánimas, capturó Armijo el uniforme de Capitán General de Morelos —que tan grato era a don José María—; se hizo de las insignias de mando, la capilla de campaña, el retrato, archivo y algunas alhajas del héroe.

Todavía persiguieron a Morelos dos grupos de caballería hasta las cercanías de Tehuehuetla, donde desistieron de seguirlo cuando ya el caudillo se internaba en la sierra. Mediaba marzo cuando Morelos "estaba, otra vez, a la vista de Acapulco".

Con la suerte de espaldas para los insurgentes había terminado la cuarta campaña de Morelos. El héroe iba recuperándose lentamente, templado su carácter con los vinagres de la ingratitud y la traición, pero estimulado por el credo cívico que lo animaba. De la amargura por la pérdida de sus generales y el desastre de su ejército, tendría que sacar fuerzas y voluntad para continuar en la lucha. Dijérase que absorbía su ánimo las penalidades y quebrantos, para acrisolar su decisión y exaltar nuevamente su energía.

Ya el 19 de marzo, su onomástico, desde Acapulco escribía con mayor serenidad, que era probablemente indicio de su recuperación interior: "agradecía un presente a don José María Vergara y no pudiendo corresponderlo por falta de recursos pedía no se le hiciera otro más". Hasta en su vida íntima, en sus relaciones, privaba esa gran dignidad como directriz de sus actos.

Asociaba una verdadera humildad [107] a un profundo desencanto y a un sentimiento claro de la vanidad humana, al añadir en su misiva a Vergara: "Todo hombre debe ser humano por naturaleza —aludiendo quizá a sus inevitables debilidades— porque en este orden no es más que hombre; corrupción como los demás; como todos, vanidad en el orden de la fortuna y en el orden de la gracia"; "aún le sería mejor no verse elevado a tanta dignidad" —y en esto hacía autocrítica—. "Morelos no es más que un Siervo de la Nación a quien desea libertar ejecutando sus órdenes, no mandando, no imponiéndose." El caudillo reiteraba amor por sus semejantes [108], "no obstante las terribles e irreparables decisiones que ha tomado contra ciertos semejantes suyos".

Menudeaban para entonces los reveses. Después de la derrota de Rosainz en Chichihualco, los generales insurgentes se dispersaron hacia rumbos diversos. Galeana se proponía ir a reunirse con Morelos. Ignacio López Rayón, designado comandante defensor de Oaxaca por decisión del Congreso, perdía la plaza el 29 de marzo, y ésta quedaba nuevamente en poder del gobierno. A su vez, el Congreso, incompleto, víctima del cáncer de las divisiones internas, iba lastimosamente hacia Uruapan. Separados del mando, cuya autoridad nunca supo ejercer Rosainz, los generales Nicolás, Víctor y Miguel Bravo, combatían en la medida de sus fuerzas, sin mayor cohesión entre ellos mismos. A todo esto Rosainz escribiría pobres excusas en su conducta, documentos para un libro posterior en que sin autoridad moral, militar o patriótica alguna, culparía a los insurgentes en general del desastre y sus consecuencias que él, entre otros, había originado en gran parte [109].

Calleja se percataba de la peligrosidad que representaba Morelos y ordenó su tenaz persecución por Armijo, quien salió el día 2 de abril de Chilpancingo con un ejército regular, bien equipado y constituido. Sabía que Galeana intentaba reunirse con el caudillo. Y tanto el Virrey como Armijo temían que la atracción de Morelos sobre las poblaciones y su genio organizador, darían por resultado la formación en breve de otro gran ejército libertador.

Por donde pasaba Armijo aparecían despoblados valles y rancherías: la gente se iba incorporando a las fuerzas de Galeana. Apresuró el paso de la tropa, por llegar a Acapulco.

Morelos no estaba en condiciones militares de combatir con Armijo y hacerle frente. La estrategia indicaba abandonar Acapulco, la táctica lo obligaba a no dejarle la plaza al enemigo. Entonces decidió acabar con la fortaleza, destruir los cañones, inutilizar las cureñas. Y no conforme con esto, dictó órdenes al teniente coronel Isidoro Montes de Oca, desde Pie de la Cuesta, el 9 de abril de 1814, en los siguientes términos: "Despache U. dos que vayan a atizar sólo las casas de Acapulco, pero no se entretengan en pepenar nada, sino que aticen bien; que no quede nada que no quemen, pues todo ha de quedar reducido a cenizas. Que los que vayan sean de empeño. Morelos."

Poco antes de abandonar Acapulco, "ordenó Morelos —dice Alamán— el degüello de 21 prisioneros del Batallón de Asturias; otros cinco tuvieron igual suerte en el hospital, y 34 en una barraca inmediata llamada la Plaza de los Dragos, habiendo sido degollado también un pasajero cuya mala estrella lo condujo allí cuando se estaba haciendo la ejecución, para que no diese aviso de ella".

Dejar atrás la tierra arrasada a los realistas, era la tremenda consigna del caudillo. Y las ejecuciones respondían a una airada represalia por la ejecución de don Mariano Matamoros. El Congreso había ordenado al caudillo la ejecución, sumarísima, de 203 prisioneros españoles que se encontraban en Acapulco. El caudillo no podía desobedecer ese acuerdo, ni libertarlos porque engrosaría al ejército realista. Empero, tales circunstancias favorecían su justo propósito, su decisión de vengar a Matamoros. Cuando la historia tildara de crueldad las ejecuciones, no faltaría una voz que se levantara para considerar que, en todo caso, Morelos respondía a Calleja con procedimientos similares a los suyos, y que todavía resultaban menos duros que aquéllos.

Armijo alcanzó a ver los escombros en que había quedado convertido Acapulco, todavía humeante. Fiel a su consigna, continuó en pos de Morelos destacando 50 jinetes a las órdenes de Miota, para dar alcance a Morelos en Tecpan.

En Tecpan ordenó Morelos el degüello inmediato de los prisioneros realistas que allí se encontraban. Continuaban las represalias por Matamoros.

Miota llegó a Tecpan sin hallar a Morelos. Aprehendió allí a Ignacio Ayala, destituido anteriormente por el caudillo a causa de ilícitos enriquecimientos, y lo envió a Tixtla, donde fue fusilado por acuerdo del Virrey.

Al convencerse Armijo de la agobiante inutilidad de perseguir al caudillo, volvió su atención al Veladero, donde estaba atrincherado Galeana con sus hombres, y comprometió sus fuerzas en hacerse de tal posición.

Finalizaba abril cuando Morelos decía en una epístola a don José María Liceaga: "Esta nación [México] estima más una moneda de cobre con el busto de Fernando que una de plata con el sello de América" (eran las probables repercusiones de la derrota insurgente en el ánimo popular, tornadizo e inestable por definición). "No ande entre nosotros —añadía— otro numerario que el inventado por nosotros mismos, sea en oro, plata, cobre, baqueta, papel o madera, y entonces seremos dueños de nuestra libertad." Y terminaba ocupándose del panorama bélico: "No tengo mucha esperanza de que el señor Galeana pueda mantenerse en El Veladero, por tener cortados los víveres y la comunicación conmigo, a causa de haber penetrado el enemigo desde Acapulco hasta cerca de Petatlán, persiguiéndome como sesenta leguas."

En efecto, Galeana perdió El Veladero al amanecer del 6 de mayo. Armijo atacó por la noche del día 5 al Fortín de San Cristóbal, considerado el más importante del sistema formado por ese punto y los demás fortines. Logró desorganizar la resistencia de los insurgentes. Muchos lograron evadirse del cerco de fuego, otros cayeron prisioneros y fueron fusilados en el acto. Galeana, con escasos 160 hombres, pudo llegar a Cacaruatepec, rumbo a la Costa Grande, mas en Paso del Papagayo sufrió la deserción del capitán Echeverría con una parte de la tropa.

Descansó brevemente en la hacienda del Zanjón y mandó correo a Morelos que estaba en Zacatula, dándole cuenta de lo aflictivo de su situación.

Durante la travesía, Galeana veía aumentar su fuerza con la gente de los pueblos que lo conocía y admiraba positivamente, era la atracción de Tata Gildo. En varias semanas ascendía su fuerza a unos 300 hombres, que aumentaron con 200 que se le unieron entusiastas cuando arribó a Coyuca. Para entonces disponía de 500 hombres, un viejo cañón y 100 fusiles. Sus oficiales eran Avilés, Mayo y Montes de Oca.

Cuando Avilés se dedicaba a explorar por el rumbo del río con un pequeño grupo de avanzada, fue sorprendido por los realistas. Acudió rápidamente Galeana a socorrerlo con algunos jinetes. Era una emboscada en que ambos habían caído, copados materialmente en unos minutos por los dragones españoles. Al darse cuenta del peligro, Galeana lanzó el grito de abandono del terreno. De cerca lo seguía un viejo conocido suyo, ahora realista, Juan de Oliva.

En la desenfrenada carrera, Galeana sufrió una instantánea distracción, al volver el rostro, y dio con la cabeza en la rama de un árbol, cayó de la silla; y cuando lo alcanzaba su perseguidor que se aprestaba a darle muerte, llegó otro soldado en plena carrera y desde su cabalgadura y a unos metros, le disparó el fusil, bajó del animal y le cortó la cabeza. En su entrada a Coyuca, los realistas se ufanaban de llevar en una lanza la noble cabeza del más brillante general de Morelos. Y la exhibieron cobardemente, colgada de una ceiba, a la entrada de la población.

Ante los agravios soeces de soldados y populacho que eran prodigados al macabro trofeo, el comandante español no pudo menos que indignarse, diciendo: "Esta cabeza es de un hombre valiente." Y acto continuo dio orden de que fuera sepultada en el atrio del templo.

El caudillo no pudo menos que derramar lágrimas, al conocer la terrible noticia. En su gran dolor exclamó: "¡Acabaron mis brazos! ¡Ya no soy nadie!"

Posteriormente decidió el caudillo establecerse en Atijo, cuya eminencia le otorgaba algunas seguridades estratégicas, en la planicie de la tierra caliente michoacana. Eran pocos los hombres de que disponía, a los que llamaba mis "cincuenta pares". Fortificó en parte ese lugar. Levantó un taller de maestranza para el arreglo de las armas.

"Permaneció en todo caso varios meses en aquel lugar, donde había encontrado descanso y refugio, en Atijo, y allí, atento siempre en cuanto le era dable a la organización de las actividades de los insurgentes, ora, cuando se le consultaban aprobaba ascensos que creía justificados, como el de Terán, al grado de Coronel, por la habilidad, el arrojo y la valentía con que a fines de julio luchó contra Álvarez en Silacayoapan; ora, como lo explicó a las jurisdicciones unidas militar y eclesiástica que lo interrogaron el 26 de noviembre del año siguiente [110], dio orden en agosto de 1814 al 'Mariscal Anaya' para que fuera a negociar una alianza con los Estados Unidos, siempre con la ilusión de obtenerla, como la había tenido cuando dispuso que David y Tabares pasaran allá con el mismo objeto. Anaya regresó algún tiempo después —así lo dijo Morelos a las mismas jurisdicciones unidas— 'sin haber adelantado nada', pero 'trayendo consigo' a un 'General Robinson', decía el propio Morelos, 'como a curioso o de espía para observar cómo se hallaba esto', lo cual indica que se dio buena cuenta del papel ambiguo que aquel personaje tenía y que desde entonces, desde antes aún, había en México enviados confidenciales [111]."

VII. LA CONSTITUCIÓN DE APATZINGÁN

"La buena ley es superior a todo hombre."

YA EN junio de 1814 el Congreso había anunciado que pronto expediría la Constitución provisional, estatuto jurídico del país independiente. Como es sabido, la Carta Constitucional era el más caro anhelo del Generalísimo.

El Congreso se había trasladado de un sitio a otro, atemorizado y perseguido por los realistas. De Tlacotepec se trasladó a Santa Ifigenia. Había estado en Uruapan. Se aposentó brevemente en Páturo y en Tiripitío. Más tarde fue a Ario. Finalmente llegó a Apatzingán.

Por su parte, el Generalísimo se había movilizado con el fin de escoltar al Congreso. Venciendo obstáculos y superando hostilidades, aquel viacrucis del Congreso no logró impedir la redacción del código fundamental. En octubre de 1814 quedaba completamente terminado su texto en Apatzingán.

Del rumbo de Ario arribaron los diputados. La reducida tropa de Morelos había llegado, procedente de Coahuayutla. Estaba presente la tropa comandada por el doctor Cos. Sumados los contingentes, eran apenas la sombra de un pequeño ejército.

El 22 de octubre de 1814 se expidió la Constitución. Se celebró una misa cantada en acción de gracias. Los diputados juraron la Constitución. El Congreso nombró a Liceaga, a Morelos y al Dr. Cos, como individuos del Poder Ejecutivo, que en tal forma quedó integrado el tenor del texto jurídico. Después fue organizada una comida muy sencilla en que "se tomaron dulces de Guanajuato y de Querétaro". "Morelos —dice Ezequiel A. Chávez— había logrado para esa ocasión vestir a sus soldados que estaban casi desnudos; se improvisó un baile, en el que vestido de uniforme danzó el héroe de Cuautla, declarando que aquel día en el que quedó por fin expedida la primera ley constitucional de su patria, era el más feliz de su vida, y el Congreso mandó acuñar en plata una medalla conmemorativa."

Tal apunte, a modo de somera crónica del suceso trascendental, da idea de las personas, del medio y de sus virtudes cívicas. Una sensación de ternura produce la imagen de Morelos, en las expresiones de su limpia alegría. Asociada a su fe religiosa, su concepción de la patria lo anima y lo exalta en un grado de pureza de sentimientos que mueve al respeto por encima del tiempo. Morelos cifraba efectivamente su fe en cuanto era para él un motivo superior, la razón misma de su existencia, su concepto de la patria. Por ello tuvo el acierto de considerar que lo más importante en cuanto era lo permanente, no resultaba sólo de sus victorias militares —con lo extraordinariamente importantes que fueron—, sino que debería crearse la nación mexicana, y esto únicamente era factible dándole forma constitucional. Ésa era, mucho más allá de su tiempo y superando la estrechez de su época, la medida de su genio, su visión del futuro, la lógica histórica de su pensamiento creador.

Para juzgar de la trascendencia de su gesto, pues era él en primerísimo sitio el animador y autor de la idea de la Constitución, sus enemigos se encargaban de otorgarle primacía, ya que el estado de inquietud y de alarma en los medios gobiernistas había cundido hasta España y de allá enviaban órdenes terminantes al Virrey, para evitar la reunión del Congreso y acabar con Morelos y con su Constitución. Eran ellos, los españoles de la península, quienes se percataban de la gran importancia de los sucesos de Apatzingán, no así la miopía política de Calleja que, a lo que se ve, cifraba su mayor interés en los "escarmientos" y en las acciones militares reducidas a labor de sadismo policíaco.

> "Nace con Morelos y con los hombres de Apatzingán —dice Remolina— el concepto de independencia absoluta y soberanía popular, y de ese gran hombre, las fuentes mediatas de nuestra política internacional actualmente desarrollada en el campo del derecho público. Los dos pilares principales que sostiene la doctrina mexicana: la autodeterminación y la no intervención. Estos principios se encuentran plasmados por primera vez en los *Sentimientos de la Nación.*"

Por todo esto, el Generalísimo no descuidó, a lo largo de sus cuatro campañas espectaculares, mantener viva la urgencia de cimentar su tesis de la soberanía popular y, a la vez, el establecimiento de un gobierno que en realidad fuese expresión de la voluntad popular. Cien años después de Morelos, ésas serían las banderas primigenias de todo movimiento social, al cual se había anticipado su genio, incluyendo en ese equipo de ideas lo que en materia de educación y economía él supo prever.

"Si no hubiese sido por Morelos —observa Remolina— el Congreso no se habría realizado ni la Constitución escrito y alcanzado la lucha en aquel fausto momento su mayor esplendor. Es a él, pues, a quien se debe la organización del Congreso; a su firme convicción la redacción de nuestra primera Constitución; las grandes victorias adquiridas en la lucha armada en favor de la liberación del yugo extranjero y el mantenimiento de la antorcha insurgente, impidiendo con su presencia que aquello hubiera degenerado en luchas internas, envidias y rencillas. El cuidado, la protección paternal que prodigó a dicho cuerpo, hijo de sus sentimientos, fue la causa de que perdiera la vida. En aras de la libertad, Morelos nunca pensó que su vida sería dada vanamente, sino que como fiel discípulo de Don Miguel Hidalgo, no dudó en el triunfo del movimiento.

"El Congreso de Anáhuac —continúa analizando Remolina— consta de dos etapas: la que empieza en la ciudad de Chilpancingo y termina en Tlacotepec, y la segunda que se inicia en Uruapan [donde consideramos que en el tiempo transcurrido y por las noticias que los documentos aportan, se escribió en su mayor parte la Constitución], continúa con la promulgación del decreto constitucional y termina con la disolución del Congreso de Tehuacán. Durante la primera etapa, se dieron los pilares ideológicos expresados por el Siervo. En Uruapan parece que fue donde se dieron los primeros trazos de ese documento, de acuerdo con lo anotado en el capítulo tercero de esta misma tesis. Fueron los principales redactores de ella: los Lics. Quintana Roo y Sotero Castañeda; el Dr. José Sixto Verduzco y en primerísimo lugar el Lic. Alderete y Soria. El Lic. Manuel Alderete y Soria, muerto el 2 de diciembre de 1814, conjuntamente con Morelos, fue quien sin duda contribuyó en mayor escala, siendo sus ideas las que influyeron en el pensamiento de los demás congresistas, para ser más tarde plasmadas en el documento del 14."

Y termina su importante disertación Remolina con estos conceptos:

"En principio, consideramos que fueron fuentes nacionales de Apatzingán: 'Los Elementos Constitucionales' de Rayón; los proyectos de Constitución de Bustamante y Santa María; las 'Reflexiones' hechas por Morelos a los 'Puntos Constitucionales' de Rayón; los 'Sentimientos de la Nación' y el

'Reglamento' de Morelos. Fuentes extranjeras son: las Constituciones Francesas de 1791, 1793 y 1795; la Constitución de Massachusetts de 1780; la Constitución de Cádiz de 1812 y las Leyes de Indias."

Las ideas del Generalísimo referentes a la mejoría de los salarios, la dignificación del trabajador, la redención del campesino (que era su convicción agraria) quedarían fuera del texto constitucional. Empero, sus conceptos sobre la libertad, la independencia, la autodeterminación y la soberanía del pueblo mexicano, inspiraron el texto y constituyeron el espíritu de la Carta de Apatzingán.

Nuevo testimonio del genio anticipado en cien años que animó el pensamiento del Generalísimo, fue el texto constitucional de Querétaro: a más de un siglo de distancia de aquella noble experiencia de Apatzingán, los constituyentes rendirían homenaje al esclarecido estadista de Valladolid, cuando incorporaran al documento fundamental lo que quedara olvidado en el trabajo de 1814: las ideas avanzadas, de tipo socialista, del cura de Carácuaro.

La Constitución de Apatzingán no fue aplicada. Era evidente que las circunstancias de la lucha armada la hacían inoperante. Pero quedaría como expediente jurídico del nacimiento de la nación. "La buena ley es superior a todo hombre", había sentenciado Morelos. Y la Carta que se gestó en el Congreso de Chilpancingo era sin duda superior a las circunstancias hostiles que supo vencer el Generalísimo y que constituían el marco negativo de aquel esfuerzo preclaro de la insurgencia. Cuanto se hiciera en el futuro al cimentarse la vida de la nación mexicana, tornaría a ver la lección generosa y esclarecida de Apatzingán. Las mismas ideas del libertador Hidalgo y del Generalísimo, sobre la supresión de la esclavitud, prestarían mayor alcurnia a la Constitución y fijarían su visión del porvenir. Las ideas morales del caudillo —las que conservó con acierto la Constitución, derivadas de los "Sentimientos"—, serían reconocidas a más de cien años de distancia como la inspiración general de los principios democráticos que rigen a las sociedades del mundo occidental.

La Constitución fue firmada por los siguientes representantes: don José María Liceaga, Presidente del Congreso y Diputado por Guanajuato; doctor don José Sixto Verduzco, representante por Michoacán; don José María Morelos, por el Nuevo-Reino de León; Lic. José Manuel Herrera, por Tecpan; doctor José María Cos, por Zacatecas; licenciado José Sotero de Castañeda, por Durango; licenciado Cornelio Ortiz de Zárate, por Tlaxcala; licenciado don

Manuel Alderete, por Querétaro; don José Antonio Moctezuma, por Coahuila; licenciado José Manuel Ponce de León, por Sonora; licenciado Francisco de Argandor, por San Luis Potosí. Firmaban los secretarios: Remigio Garza y Pedro Norneo. En virtud de hallarse ausentes, no firmaron el documento don Ignacio Rayón, don Carlos María de Bustamante, don Manuel Sabino Crespo, don Andrés Quintana Roo y don Antonio Sesma (de todos ellos, los tres primeros mencionados habían marchado a Oaxaca).

Transcurridos algunos meses empezó a circular ya impresa la Constitución en la capital del virreinato. Tan pronto como llegó a manos de Calleja, éste montó en cólera, pues tal era su conocida reacción. A su limitada visión política no alcanzaban otros medios que aconsejara la inteligencia, sino exclusivamente aquellos que el despotismo le había permitido. Expidió un bando real de 24 de mayo de 1815 ordenando que el verdugo quemara la Constitución "y demás papeles que con ella había recibido", en la Plaza Mayor, y que igual procedimiento se siguiera en las provincias. Esa plaza mayor, un día del siguiente siglo sería llamada Plaza de la Constitución. Morelos no lo vería, sin duda, pero quizá fue uno de sus sueños.

Estableció el Virrey penas de la vida y confiscación de bienes para quienes tuvieran o distribuyeran u ocultaran la Constitución. Y seguramente envió copia de sus acuerdos a España, para mejorar el entredicho en que los insurgentes lo tenían colocado.

Aliada natural del despotismo oficial, la iglesia católica hizo lo suyo. Anatemas y excomuniones menudeaban en todas partes. Como a un fantasma perseguían a la Constitución que estaba en manos del pueblo.

Capítulo fundamental de aquella cólera de Calleja, fue la despiadada y constante persecución del Congreso. De una parte a otra, a salto de mata, sin mayores recursos, los congresistas huían por salvar sus vidas. En cumplimiento del edicto de 26 de mayo, el espionaje y la delación, característicos del clero de ese tiempo, rendían sus frutos en contra de los insurgentes. La incitación a la traición; la tentación filtrada entre la gente ignorante a favor de la corrupción, eran actividades tenidas por valiosas en los medios del gobierno civil, del clero y de la soldadesca española. En medio de todo esto, un ambiente de cárcel, los congresistas se movilizaron de Apatzingán a Ario. En este lugar, Iturbide que era el caballito de batalla del Virrey para esas fechas, estuvo a unos pasos de aprehender al Generalísimo y al Congreso en pleno. Al salvarse de Iturbide, enfilaron hacia Uruapan.

Entre peligros y hambres continuaban huyendo. No había sitio seguro para ellos. Cuando mejor comían, sus platillos eran un poco de arroz y un pedazo de carne sin sal. Sesionaban bajo los árboles, en pleno camino agreste, por veredas. Erraban en las peores condiciones, vigilados, traicionados, inseguros. Morelos se proponía enfilar hacia Oaxaca, Puebla o Veracruz. Pero los congresistas permanecían indecisos, por temor a la travesía. Visto esto, el caudillo propuso otro sitio: Tehuacán. Este punto ofrecía seguridades porque estaba comandado por un general insurgente de la mayor lealtad: Mier y Terán. Pero estaban a unos 600 kilómetros de Tehuacán, lo que dificultaba y aumentaba los peligros del viaje. Volvieron los ojos a Morelos, él los conduciría y los protegería. Era una expedición de improbables resultados; pero también ofrecía la ocasión de establecer la armonía entre jefes disidentes —Rosainz, Victoria, Guerrero, Rayón—. Y el Congreso, otrora ingrato hacia las categorías militares de Morelos, se inclinó a solicitar su salvaguardia. El Generalísimo debió haber supuesto su sacrificio, y lo aceptó.

VIII. EL OCASO

"Antes fumaremos un puro."

MORELOS quedó investido de la suprema dirección militar, sin perjuicio de que actuara como titular del Poder Ejecutivo. La conciencia del peligro determinaba entre los congresistas, tal resolución. Nuevamente el Generalísimo se sometía a servir a una institución que él mismo había creado, sin que jamás escapara de su boca la menor queja por los agravios recibidos y la injusticia que lo había humillado.

Bravo, Páez, Carvajal e Irrigaray recibieron órdenes del caudillo para reconcentrarse con sus dispersos grupos en Huetamo. Era la gente que vagaba por la orilla derecha del Mezcala. El Congreso y los funcionarios del Tribunal Supremo, amparados por la reducida escolta de Morelos, abandonaron Uruapan el 29 de septiembre de 1815.

Las deserciones estaban a la orden del día. Cos se rebeló contra el Congreso; fue reducido a prisión en unas cuevas de Atijo, y en su lugar fungía el Lic. Cumplido. Liceaga inició el viaje con el conjunto; pero solicitó licencia por 90 días, para permanecer en El Bajío. Algunos más enfermaron rápidamente y con este motivo se separaron de la comitiva. El barco hacía agua.

Encabezaba la deprimente marcha una descubierta de jinetes, de la escolta del caudillo. Luego iban los congresistas y civiles, así como los miembros del Tribunal que montaban desastrosamente dificultando los movimientos del conjunto. Morelos custodiaba a estas personas, con otros jinetes. En diferentes bestias y sin mayor destreza en el arreglo, iban en seguida los documentos, valijas y baúles, equipajes varios, municiones y víveres. Cerraba la marcha otro pequeño grupo de jinetes desharrapados, medio armados. A cada congresista se entregó la suma de 600 pesos, para gastos de viaje. Morelos, por su parte, les suministraría las raciones diarias; los soldados las recibirían de otros encargados.

Quizá pensaba Morelos —como aventura Lemoine— que acercándose a la zona costera del Golfo podrían recibir noticias de Herrera el embajador, con mayor rapidez. Influía en su determinación la presencia que ya señalamos de Mier y Terán en aquella ciudad; pero también el hecho de que Guadalupe Victoria operaba en Veracruz. Para entonces, "Quintana Roo y Rosainz [112] alejados de la sede gubernamental, trabajaban, cada uno por su lado, el grave y penoso negocio de indultarse". "Sólo Morelos y unos cuantos, conscientes de su deber, fuertes en la adversidad, se empeñaron en seguir adelante con el arriesgado plan de la mudanza. Todavía tuvieron alientos para emitir el reglamento de un novedoso sistema de 'Impuesto Sobre la Renta', que, como antecedente, es pieza clave en la historia fiscal de nuestro país. Y crearon una 'Junta Subalterna' para el gobierno de las provincias centrales y occidentales, en previsión de que los Poderes fueran disueltos o se disgregaran por efecto de algún ataque realista." Tramos adelante en su peregrinar, recibieron la compañía de Bravo y José María Lobato, con sus pequeños grupos: no todo era temor y deserción. Todavía resistieron las últimas lluvias. Soportarían con gran valor el sol canicular. Acamparían por las noches sobre la llanura, la vereda o la colina.

Ya para entonces, el traidor Rosainz, se había indultado y hacía méritos ante Calleja proporcionándole cuantos informes podía sobre la ruta exacta que seguía el Generalísimo. Así lograba el ex secretario de Morelos conservar lo que con demasiado optimismo consideraba su vida, que en todo caso sólo era un costal de basura.

> "Tierra caliente había sido hasta entonces [113] una especie de muralla protectora de Morelos y de sus colegas. Fue infranqueable para el enemigo y Calleja lo sabía; de ahí que reiterara, una y otra vez, a los jefes situados en las cercanías, que vigilaran los pasos de Morelos, y si advertían que se aventuraba a salir de Michoacán, lo siguieran, le cerraran el paso y le dieran alcance. Y cuando el Virrey, debidamente informado [¿por Rosainz?], supo que las corporaciones, con Morelos a la cabeza, marchaban por la margen derecha del Mexcala, en dirección al oriente, no le cupo duda que la meta del caudillo sería Tehuacán, o un punto cercano a esta localidad. Entonces, como antes lo hiciera cuando la campaña de Valladolid, volvió a tender sus redes, para atrapar definitivamente al hombre que más dolores de cabeza le había dado y cuya caída consideraba como el lauro más añorado de su carrera.
>
> "Con base en Tixtla, Armijo recibió la orden de vigilar la margen izquierda del río. Y por el norte, dos columnas al mando de los jefes Eugenio Villasana y Manuel de la Concha, se movilizaron para cortar el avance de Morelos. La persecución fue tenaz, sostenida, bien planeada. Morelos, que se movía con lentitud, abandonó la margen derecha del Mex-

cala adelante del pueblo de Oapan, tomó el rumbo noreste, pasando por el caserío de Tulimán, hasta el río Amacuzac, que vadeó a la altura del pueblo de Atenango, y, sintiéndose seguro del otro lado, fue a pernoctar en Temalaca [no Texmalaca, como habitualmente se escribe], adonde llegó la noche del 2 al 3 de noviembre. Esperaba encontrar allí a Vicente Guerrero, a algunos refuerzos enviados por Mier y Terán y por Ramón de Sesma, a quienes previamente había escrito, urgiéndoles su concurso. Pero nadie se presentó, y Morelos, en lugar de seguir adelante, permaneció en Temalaca, sin duda aguardando los refuerzos, hasta la mañana del día 5. Esta demora sería de consecuencias incalculables." [114]

Durante la noche del día 4, cruzó la orilla opuesta del río el realista Concha, enterado de que Morelos, vadeado el Amacuzac, hacía breve descanso para dormir en Temalaca. A las 9 horas del 5 de noviembre llegaron los realistas al pueblo, y vieron que la columna del caudillo ascendía los cerros orientales hacia Coetzala. De inmediato le dieron alcance. Puso a salvo Morelos al Congreso y con quinientos hombres apenas, acompañado de Bravo y de Lobato, pretendió detener a los españoles.

Ante la debilidad insurgente y el ánimo de vencimiento y derrotismo de los soldados de Morelos, fue cosa fácil para Concha perforar su línea defensiva. Instantáneamente cundió el pánico, la fuga atropellada. El caudillo quedó prácticamente solo. Buscó refugio en un bosque de las inmediaciones. Rastreando su pista, un sujeto llamado Matías Carranco —ex soldado insurgente— le cortó el camino con unos elementos de caballería. Lo hicieron prisionero. Serían las cinco de la tarde cuando llevaron al cautivo a Temalaca. Allí lo esperaba Concha. Con su detención, quedó concluida la jornada.

Como se ve, Temalaca no fue en modo alguno testigo de un verdadero combate. La persecución le da más bien tintes de emboscada. Con su abnegación y heroísmo, con su sacrificio daba testimonio el héroe de la suprema virtud que con su vida practicaba para la posteridad: observar fidelidad a las instituciones aun a costa de la propia existencia. Pese a sus errores precedentes, el Congreso no sacrificó en realidad al caudillo, sino que fue el caudillo quien, en cumplimiento de sus convicciones civilistas, se sacrificó por el Congreso. Ésta era su lección para todos los tiempos.

Otros acontecimientos, si no es que toda circunstancia, contribuyeron a exaltar la medida del héroe: la pobreza del escenario guerrerense en que fue aprehendido; los sucios antecedentes del jefe realista que lo capturó; el desbordado júbilo con que Calleja, sin recato alguno, recibió la noticia y la propaló entre un cúmulo de ascensos, abrazos, condecoraciones, recomendaciones y partes a Madrid. Se encargó el Virrey de atizar la redacción abyecta de las gacetas desde el Palacio, ensalzar al propio Calleja y al delincuente Concha que ahora se transformaba en héroe de Temalaca, sin perjuicio de llenar de cieno y de las más bajas expresiones la figura de Morelos. La historia, a su tiempo, limpiaría la personalidad esclarecida del reformador, y haría volver a la letrina de donde salieron los nombres de los verdugos y sus mezquindades y ruindad.

En aquel coro de miserias, cobardías y confabulaciones, era lógico que el alto clero ordenara echar a vuelo las campanas. En un desfile de abyecciones se disputaban primer sitio las instituciones y los funcionarios, por satisfacer el sadismo del Virrey. El Cabildo Eclesiástico, la Real Audiencia, la Inquisición, el Consulado, la Universidad, la chusma torpe e ignara por cuya libertad se había sacrificado aquella vida alta, impecable y magnífica. Todos "desenvainaban sus armas para descargarlas sobre el hombre que representaba, justamente, lo contrario de lo que ellos eran".

En la madrugada del día 22 de noviembre, Morelos arribaba encadenado a la ciudad-capital, fuertemente custodiado, y se le recluía en "las mazmorras de la Inquisición". Iba a comenzar su martirio, condición que sumada a cuanto constituye su acción desde la entrevista de Indaparapeo, contribuye a la gloria de su nombre.

Calleja se encargó de dirigir todo aquello, como director de escena de la gran tragedia. Nada se hizo que no estuviera pensado y ordenado por él; ningún resultado dejó de ser fraguado por él. El llamado proceso de la Inquisición y el de la jurisdicción unida eclesiástico-civil, los amañados interrogatorios de Concha, las minutas virreinales, las supuestas "debilidades" del héroe en los procesos, las "confesiones" y solicitudes de clemencia atribuidas a Morelos por los corifeos ensotanados y entorchados de Calleja, los legajos en suma salidos de la Inquisición, el sublevante acto del Autillo y "degradación" llevado al cabo por el llamado Santo Oficio —que brevemente fue resucitado en México para usos de terror de un sistema agonizante de opresión—, todo esto en lo que tuvo de bestial y de indigno, era obra del virrey. Por esto su validez no es dudosa sino que es nula para el juicio de la historia. [115]

Nada de lo actuado por las autoridades civiles y eclesiásticas durante el proceso, la prisión y las vejaciones de que se hiciera víctima al Héroe de Cuautla, constituye material de autenticidad historiográfico ya que todo, como reconocen los comentaristas más serios [116], es unilateral. Ese material "sirve más bien, en todo caso, como aporte para emprender la radiografía del antiguo régimen, que como instrumento clarificador de la insurgencia y del ideario del caudillo que la encabezaba". "De esta espesa selva de testimonios, lo único que sale a luz es la soledad, el desamparo, la tortura moral, la falta completa de libre albedrío, el acoso sistemático y un sin fin de circunstancias adversas, que envolvieron y sumergieron al caudillo durante el mes en que padeció aquella bárbara presión por parte de sus verdugos."

De la desusada medida del caudillo daban idea todos los empeños del virreinato para destruir su figura ante la posteridad. De la torpeza, insidia, unilateralidad y sadismo con que trabajaron en favor de su mezquina tarea, resultaría exactamente lo contrario de su propósito: todo ello contribuyó no sólo a la consagración histórica del héroe, sino que le otorgó, con el martirio, una valía mayor, definitiva, para enaltercerlo en el futuro. Puede decirse que, por contragolpe, sus verdugos iniciaron esa consagración.

De tal cúmulo de documentos derivados del proceso, deben destacarse aquellos que no pueden ser tildados de espurios. Tal es el caso de la carta de Morelos a Calleja de fecha 12 de diciembre, cuya autenticidad está reconocida. Pero tal misiva obedece a las circunstancias en que fue escrita y no disminuye sino acrece en todo caso a su figura. Ha sido redactada o pensada por el hombre sometido a torturas, humillaciones, presiones que lo han despedazado más allá del límite de resistencia de sus posibilidades materiales. Sometido a tal desgaste y aniquilado, no es su signatario el verdadero caudillo de la independencia, sino el despojo espiritual y físico que sus verdugos nos han dejado. Deshecho moralmente, su libertad para razonar ha dejado de existir. Ningún juicio sereno, imparcial, podría establecerse sobre ese documento, para valorar al caudillo. Nuevamente, en lugar de disminuirlo, han contribuido a su futura exaltación.

Todavía se ensañó contra el mártir su verdugo Bataller, auditor de guerra, quien solicitaba que fuera sometido a mutilaciones corporales antes de ser ejecutado. Calleja, simulando que no había inspirado tampoco aquella solicitud con el fin de negarla apareciendo "magnánimo" al desecharla, firmó la sentencia de muerte el 20 de diciembre. Al día siguiente la comunicó Concha al caudillo en la horrenda celda de la ciudadela, y el día 22, año de 1815, fue conducido a San Cristóbal Ecatepec. Habían tomado un ligero desayuno en la Villa de Guadalupe, durante el trayecto; más tarde hubo algún refrigerio en San Cristóbal.

Preguntado Morelos si sabía a qué lo llevaban a San Cristóbal, contestó serenamente: "A morir." Y al preguntársele cuál era su última voluntad, luego que regaló sus pobres pertenencias a sus mismos verdugos, siniestros miserables que aún pretendieron aparecer en las crónicas realistas como "humanitarios" y conmovidos, el héroe repuso: "Antes fumaremos un puro." Aspiró tres o cuatro veces el pequeño puro, dejó vagar la mirada por el desolado paisaje, apagó el cigarro-puro lentamente con el pie y se dispuso a morir.

Ante un crucifijo que sostuvo en sus nobles manos por breves momentos, dijo: "Señor, si he obrado bien, Tú lo sabes; y si mal, me acojo a tu infinita misericordia."

Se vendó él mismo los ojos. Arrastrando los grillos pesadamente, se hincó a recibir la descarga de fusilería. Eran las tres de la tarde.

En la posteridad, arrodillado también ante su memoria, un pueblo entero bendeciría su nombre. [116]

INFORMACIÓN CRONOLÓGICA

30 de septiembre, 1765: Nace en Valladolid (Morelia) José María Morelos y Pavón.

4 de octubre, 1765: Se le bautiza en la Catedral de Valladolid.

Al iniciarse el año 1792: ingresa como estudiante "Capense" en el Colegio de San Nicolás.

21 de diciembre, 1797: Se ordena como presbítero.

25 de enero, 1798: Se le designa cura interino de Churumuco y La Huacana.

Marzo, 1799: Se le nombra en propiedad Cura de Carácuaro.

19 de octubre, 1810: Entrevista de Morelos y Don Miguel Hidalgo. Salida de Carácuaro en busca del Libertador.

20 de octubre, 1810: Se entrevistan los caudillos en Indaparapeo, y regresa Morelos al curato de Carácuaro.

25 de octubre, 1810: Salida de Carácuaro al frente de 25 hombres. Va a iniciar Morelos su primera campaña.

7 de noviembre, 1810: Victoria y toma de Tecpan. Se adhieren a Morelos don Hermenegildo Galeana y su hermano Don Pablo.

13 de noviembre, 1810: Logra capturar Morelos el Cerro del Veladero.

8 de febrero, 1811: Morelos es rechazado en su ataque a la Fortaleza de San Diego, en Acapulco.

18 de abril, 1811: En Tecpan expide Morelos su trascendental instructivo a los comisionados insurgentes en las zonas conquistadas para que entreguen las tierras a los pueblos para su cultivo, "sin que puedan arrendarse, pues su goce ha de ser para los naturales".

24 de mayo, 1811: Entra Morelos en Chilpancingo, consecuencia del triunfo de Galeana en Chichihualco.

26 de mayo, 1811: Victoria y toma de Tixtla.

20 de agosto, 1811: Entrada de Morelos en Chilapa.

15 de noviembre, 1811: Inicia Morelos su segunda campaña.

4 de diciembre, 1811: Triunfo de Morelos en Chiautla.

16 de diciembre, 1811: Se adhiere don Mariano Matamoros a Morelos en la población de Izúcar.

22 de enero, 1812: Captura Morelos la plaza de Tenancingo.

19 de febrero, 1812: Calleja inicia su ataque a la plaza de Cuautla en que resiste Morelos.

Del 19 de febrero al 1º de mayo, 1812: tiene lugar en toda forma el sitio de Cuautla por Calleja.

2 de mayo, 1812: Famosa ruptura del sitio de Cuautla por Morelos.

7 de junio, 1812: Inicia Morelos su tercera campaña. Reconquista Chilapa, consecuencia del triunfo de Galeana en la plaza de Citlala.

23 de julio, 1812: Ocurre Morelos espectacularmente en auxilio de Valerio Trujano contra Régules y rompe el sitio de los realistas a Huajuapan.

10 de agosto, 1812: Morelos ocupa la ciudad de Tehuacán.

19 de agosto, 1812: Triunfan las fuerzas de don Nicolás Bravo en San Agustín del Palmar.

28 de octubre, 1812: Morelos toma la plaza de Orizaba.

1º de noviembre, 1812: Un destacamento de Morelos es derrotado en las Cumbres de Acultzingo por el realista Del Águila.

26 de noviembre, 1812: Ataque y toma de la ciudad de Oaxaca por las fuerzas de Morelos.

6 de abril, 1813: Inicia Morelos su ataque a la ciudad y puerto de Acapulco.

19 de agosto, 1813: Rendición ante Morelos de la guarnición del Fuerte de San Diego.

13 de septiembre, 1813: Inicia sus sesiones el Congreso de Chilpancingo, llamado de Anáhuac, que convocara Morelos.

14 de septiembre, 1813: Morelos presenta solemnemente al Congreso sus "Sentimientos de la Nación", concretados en 23 puntos para norma de la Constitución.

15 de septiembre, 1813: El Congreso designa a Morelos como Generalísimo de los Ejércitos Insurgentes. Al conferírsele el título de "Alteza", lo declina Morelos y manifiesta que prefiere ser tenido como Siervo de la Nación.

14 de octubre, 1813: Don Mariano Matamoros aniquila totalmente al famoso Batallón de Asturias en San Agustín del Palmar.

6 de noviembre, 1813: El Congreso de Chilpancingo aprueba y hace suya el Acta de Independencia de la Nación Mexicana.

7 de noviembre, 1813: Morelos inicia su cuarta campaña.

23 de diciembre, 1813: Morelos es derrotado ante Valladolid (Morelia), descalabro de funestos resultados. Por lo pronto, ello impide que Valladolid sea la sede de promulgación de la Constitución como se había pensado.

24 de diciembre, 1813: Los realistas inician la persecución de Morelos y de los miembros del Congreso.

4 de enero, 1814: Combate de Puruarán. Derrota y aprehensión de Don Mariano Matamoros, Teniente General de Morelos.

3 de febrero, 1814: Ejecución de Don Mariano Matamoros en los portales de la Plaza Principal de Valladolid (Morelia).

18 de febrero, 1814: Destitución absurda de Morelos en su cargo de Generalísimo, por el Congreso, en la plaza de Tlacotepec. Cunde la anarquía y la intriga de civiles ambiciosos en el seno del Congreso.

9 de abril, 1814: Morelos destruye las defensas del Fuerte de San Diego y ordena el incendio de Acapulco. Se inicia la "guerra a muerte" a que obligaba el sadismo de Calleja. Con esta fecha principia a darse cumplimiento

al decreto del Congreso que condena a muerte a todos los prisioneros españoles que se encuentren en las ciudades costeras.

27 de junio, 1814: Muere el General Don Hermenegildo Galeana, combatiendo heroicamente en El Salitral.

22 de octubre, 1814: Es jurada la Constitución en la ciudad de Apatzingán.

5 de noviembre, 1815: Es derrotado y aprehendido Morelos en Temalaca, aunque se sacrifica poniendo a salvo a los miembros del Congreso.

21 de noviembre, 1815: Arriba Morelos, encadenado y fuertemente custodiado, al Convento de Santa Inés de San Agustín de las Cuevas (Tlalpan).

22 de noviembre, 1815: Es aherrojado Morelos en las cárceles de la Inquisición (sombrío edificio que años después ocupara la Facultad de Medicina, sito en la esquina que forman las calles actuales de Brasil y Venezuela).

22 al 24 de noviembre, 1815: Juzgan a Morelos las llamadas Jurisdicciones Real y Eclesiástica Unidas, proceso unilateral urdido y manejado con sadismo por el Virrey Félix María Calleja del Rey.

25 al 27 de noviembre, 1815: Juicio de Morelos por la Inquisición. Crueldad excesiva de la degradación en Auto Público de Fe.

28 de noviembre, 1815: Reclusión de Morelos en el edificio de la Ciudadela de la ciudad de México.

20 de diciembre, 1815: Sentencia a muerte de Morelos dictada por el virrey Calleja.

22 de diciembre, 1815: Fusilamiento de Morelos en San Cristóbal Ecatepec, a las 3 de la tarde. Inhumación a las 4 de la tarde en la parroquia del pueblo.

19 de junio, 1823: El Gobierno Federal emanado del triunfo de la Independencia, declara beneméritos de la Patria a los caudillos de la insurgencia y ordena exhumar sus nobles restos para ser traídos a la metrópoli.

16 de septiembre, 1823: Los restos de Morelos y demás caudillos de la independencia, son traídos a la capital, a la Villa de Guadalupe, a la Garita de Peralvillo y posteriormente al templo de Santo Domingo, rindiéndoseles honores militares en tales actos.

17 de septiembre, 1823: Con asistencia del Presidente de la República, General Vicente Guerrero, se celebra una solemne misa en Santo Domingo, en honor de los caudillos de la insurgencia. Después de la ceremonia, las urnas de cristal que contienen los restos son depositadas en la Catedral (Capilla de San Felipe de Jesús). Años después se trasladaron al Altar de los Reyes de la propia Catedral.

12 de diciembre, 1828: Decreta el Congreso de Michoacán que la ciudad de Valladolid cambie nombre por el de Morelia, justo homenaje a quien fuera el más ilustre de sus hijos.

30 de septiembre, 1865: Maximiliano ordena erigir una estatua a Morelos al conmemorarse el centenario de su natalicio, y exalta su memoria en una pieza oratoria.

15 de abril, 1869: El benemérito presidente Don Benito Juárez, expide el Decreto del Congreso el día 17 del mismo mes, por el que fuera creado el Estado de Morelos en memoria del prócer.

16 de septiembre, 1910: El Marqués de Polavieja, en representación de España,

devuelve a México en prenda de amistad los uniformes de Morelos que se encontraban en el Museo de Artillería de Madrid. El presidente Porfirio Díaz agradece tal acto expresando que éste "honra al más alto de los caudillos mexicanos".

16 de septiembre, 1921: El presidente Álvaro Obregón, rinde honores a los patricios con una corona de plata con hojas de laurel en el Altar de los Reyes.

16 de septiembre, 1925: De la Catedral son trasladados a la Columna de la Independencia, con los honores militares y cívicos del caso, los restos de los Héroes, sobre el Paseo de la Reforma.

Nota: De otros actos de homenaje a la memoria de Don José María Morelos, se da noticia en las Referencias bibliográficas de la presente obra.

REFERENCIAS BIBLIOGRÁFICAS

[1] José Guadalupe Romero. *Noticias para formar la estadística del obispado de Michoacán.* México. Imprenta de V. G. Torres. 1862.

[2] Esta declaración del cacique de Jilotepec, rectifica al cronista Larrea quien equivocadamente señalara el año 1531 para la fundación de Apaseo, quizá por no haber conocido tal documento según observa juiciosamente José R. Benítez en la página 15 de su importante obra *Morelos, su casta y su casa en Valladolid (Morelia).* Gobierno del Estado de Michoacán, Morelia, 1964 (obra impresa en México, D. F., talleres de la Editorial Cultura).

[3] José R. Benítez. *Historia gráfica de la Nueva España.* Barcelona. Talleres del Instituto Gráfico Oliva de Villanova, 1929, p. 123.

[4] *Archivo de la casa de Morelos.* Morelia. Ej. núm. 438 del atado núm. 42. Ramo de Capellanías. *Idem.* folio 2.

[5] José R. Benítez. *Ob. cit.* Da cuenta de otros pormenores del testamento, familiares, etcétera.

[6] *Archivo de la casa de Morelos.* Folio 13.

[7] *Archivo de la casa de Morelos, Ut supra.* Folios 41 al 43.

[8] José R. Benítez. *Ob. cit.,* pp. 29 y siguientes.

[9] Información testimonial de Don José María Morelos, promovida el 7 de noviembre de 1795 para obtener las primeras órdenes sacerdotales.

[10] Enrique Arreguín. *A Morelos. Importantes revelaciones históricas. Autógrafos desconocidos de positivo interés.* Morelia. Telleres de la Escuela Industrial, 1912.

[11] Prueba testimonial presentada por Don José María Morelos el 6 de octubre de 1790 para fundar derechos sobre la capellanía que fundara su bisabuelo.

[12] Genaro García, editor. *Autógrafos inéditos de Morelos y causa que se le instruyó.* En Documentos inéditos o muy raros para la historia de México. Publicados por... Tomo XII, México, Lib. de la Vda. de Ch. Bouret, 1907.

[13] José R. Benítez. *Ob. cit.,* pp. 31 a 35.

[14] Genaro García. *Ut supra.*

[15] Lo encomillado pertenece a José R. Benítez, citado, p. 41. La referencia a Morelos corresponde a una parte de sus declaraciones en la Inquisición.

[16] Investigación y afirmación de Mariano de Jesús Torres, *Diccionario histórico, biográfico, geográfico, estadístico, zoológico, botánico y mineralógico de Michoacán.* Morelia. Imp. del autor. 1905-1915. 3 vols.

[17] José R. Benítez. *Ob. cit.,* p. 41.

[18] Acta matrimonial de Don Miguel Cervantes y de Doña Antonia Morelos.

[19] Carlos María de Bustamante. Cuadro histórico de la Revolución Mexicana. México 1843. 5 vols.

[20] *Archivo de la casa de Morelos.* Folios 129 al 131.

[21] Enrique de Olavarría y Ferrari. Episodios Históricos Mexicanos. Barcelona. J. R. Parrés y Cía. 1886-1887. 2 vols. Este autor confundió, seguramente de buena fe, la casa que adquirió Morelos en 1801 con aquella otra que a la muerte de su madre "cedió a su hermana"; de ahí la equivocación que lo llevó a afirmar que Doña Juana "poseía una humilde habitación y solar a orillas del río Chico".

[22] Guillermo de Luzuriaga. *Morelos, ensayo de disección psicológica-histórica,* repite el error de Olavarría, y aun equivoca la fecha del deceso de Doña Juana.

[23] José R. Benítez. *Ob. cit.,* p. 43.

[24] Fue el propio señor Morelos quien cambió la letra B de su segundo apellido por la V labiodental, escribiendo PAVÓN Así ha quedado en la historia. Consecuentes con ella, acatamos su uso.

[25] *México a través de los siglos.* Vol. III. Guerra de Independencia. Dice: "Actualmente esquina 2ª calle de Matamoros y 1ª de Aldama. Una lápida que en ella mandó colocar el Ayuntamiento en 1881, recuerda el acontecimiento. Ubaldo Vargas Martínez. Morelos, Siervo de la Nación. Sría. de Educ. Pública. 1963, p. 18.

[26] U. Vargas Martínez. *Ob. cit.*

[27] Copiándose sin recato unos a otros, diversos historiadores han dejado correr la espúrea versión del ascendiente "negroide" de Morelos. Desde Bustamante hasta Alamán cuyas simpatías europeizantes los tornan sospechosos de falsedad, hasta los investigadores del presente siglo cuyo espíritu de análisis es obviamente dudoso, dejaron correr como una conseja oral el "remoto" antecedente de raza de color en algún antepasado del Generalísimo. Eso constituye una de las diversas y mayores falsedades referentes a Morelos. Del origen de sus antepasados —abuelos, bisabuelos, tatarabuelos— se concluye que todos fueron españoles y criollos y mestizos en su totalidad hasta la generación inmediatamente anterior a la del caudillo. El investigador Benítez *(...Morelos, su casta y su casa en Valladolid)* ha logrado clarificar este hecho con pruebas documentales y testimoniales irrecusables, que por nuestra parte hemos destacado antes. Sin lugar a dudas, étnicamente los antepasados de Morelos carecieron de toda mezcla negroide o mulata; esta afirmación es puramente objetiva, fruto de documentación irrecusable, no imbuida por complejos discriminatorios ni se inspira en sentimientos anticientíficos de repulsa hacia las razas de color. Desconcierta que un hombre de estudio como Lucas Alamán (aparte sus ideas conservadoras) haya afirmado sin pruebas *(Historia de México*, Ed. "Jus". México, 1942, tomo II, p. 295), que "procedía de una de las castas mezcladas de indio y negro". Sin mayores escrúpulos, después hicieron suyas tales afirmaciones historiadores como Teja Zabre y otros más. Partían de la rebuscada y no científica "observación" del color moreno de su piel y de sus rasgos físicos (según Vargas Martínez), o "del color azulado del rostro" que un señor Juan José González supuso así en algunos atropellados artículos insertos en *El Universal Gráfico.* Ni aun en este sentido ayudaba eficazmente la pintura del XIX a la investigación étnica o etnológica, pues en tanto que la más conocida de las pinturas del caudillo lo representa con una mano en el pecho (izquierda) y la otra sosteniendo los documentos que su genio inspiró, blancas las manos y rosada la tez de hombre europeo, también existe la pintura en que viste el uniforme de Generalísimo (Museo de Historia de Chapultepec), oscura la tez, salientes los pómulos, características mestizas. Esta última es tenida como la más cercana a la realidad ya que el caudillo posó ante el pintor, mas en ninguno de los dos casos podría concluirse que se trata de un personaje de rasgos "negroides". A nuestro entender, con acopio de documentos, Benítez destruye aquel infundio. Posteriores y acuciosos estudios de Ernesto Lemoine Villicaña *(Morelos, su vida revolucionaria a través de sus escritos y otros testimonios de la época.* Univ. N. Autónoma de México. 1965, p. 13), hacen notar que "es indudable que en las venas de aquel infante corría cierta dosis de sangre india —tarasca o pirinda— que por cautela no se indicó en el acta respectiva (de bautismo). El aspecto físico del caudillo, lo que sus retratos expresan, y una minuciosa descripción biotipológica que ha llegado hasta nosotros, gritan a voz en cuello su filiación mestiza".

[28] Cala y cata de Morelos, hecha en las cárceles secretas de la Inquisición.

[29] Declaraciones publicadas en el Archivo general de la Nación. México, 1958, tomo XXIX, núm. 2, p. 204.

[30] E. Lemoine V. *Ob. cit.*

[31] J. R. Benítez. *Ob. cit.,* p. 69.

[32] Juan de la Torre. *Bosquejo histórico y estadístico de la ciudad de Morelia,* p. 217.

[33] Carlos María de Bustamante, *Cuadro histórico.* Lucas Alamán, *ob. cit.* Guillermo Prieto, *Lecciones de historia Patria.* Alamán, *Historia de México.* Francisco Sosa, *Biografías de mexicanos distinguidos, 1884.* Francisco de P. Arrangoiz, *México desde 1808 hasta 1867.* Mariano de Jesús Torres, *Diccionario histórico, biográfico. Ob. cit.* Resulta deplorable que, pese a la respetabilidad profesional de la mayoría de los escritores enumerados, den la sensación de haberse copiado recíprocamente los errores sin realizar investigaciones y estudios de testimonios documentales en apoyo de su dicho. Todo esto entraña una severa, indispensable rectificación a la historia del siglo XIX y al actual, y a los mismos textos escolares en cuanto se refieren al tema.

[34] Enrique Arreguín. *A Morelos. Importantes revelaciones históricas. Autógrafos desconocidos de positivo interés,* Morelia. Talleres de la Escuela Industrial, 1912.

[35] E. Arreguín. *Ob. cit.*

[36] Arreguín y Benítez, obras citadas respectivamente. Valga destacar aquí, lamentándonos, el novelístico comentario y "corolario" que Carlos María de Bustamante escribiera al señalar la prolongada estancia del caudillo en Tehuejo, pues en su citado *Cuadro histórico* aseguró que "el Generalísimo había nacido en el rancho de Tehuejo el Grande, inmediato a Apatzingán".

[37] Mariano de Jesús Torres. *Diccionario, ob. cit.*

[38] Está probada la inexistencia del supuesto tío Felipe Morelos, a quien señala Torres en su Diccionario como "propietario de la Gramática de Nebrija".

[39] *Archivo de la casa de Morelos.* Exp. 438, folio 104.

[40] J. R. Benítez. *Ob. cit.,* p. 75. Archivo de la Casa de Morelos. Exp. 438, folio 146.

[41] Morelos impartió enseñanza a los niños indígenas siendo auxiliar del cura de Uruapan. Dato del historiador Nicolás Rangel proporcionado a Luzuriaga para el trabajo de éste. Aparece ese dato en los documentos que reproduce esta biografía, y también en Lemoine.

[42] G. Luzuriaga. *Ob. cit.* p. 56. J. R. Benítez. *Ob. cit.*

[43] Documentos inéditos en poder de J. R. Benítez.

[44] J. Guadalupe Romero. *Noticias para formar la estadística del obispado de Michoacán.* México. Imp. de V. G. Torres, 1862.

[45] Enrique Arreguín. *Ob. cit.* J. R. Benítez, *ídem, pp.* 48, 49, 50.

[46] V. M. de Bustamante. *Cuadro histórico,* citado.

[47] Juan de la Torre, *ob. cit.,* p. 219.

[48] Benítez. *Morelos.* P. 103.

[49] Según las escrituras —dice Benítez— el predio estaba "en la calle que baja de la Plazuela del Hospital —de San Juan de Dios— al Río Chico —hoy Avenida Morelos Sur—, fabricada en un sitio de treinta y tres varas de frente por cuarenta y dos de fondo con tres accesorias a la parte sur —hoy Calle de Soto Saldaña—".

[50] Alfonso Teja Zabre. *Morelos.* Espasa-Calpe. p. 33.

[51] Óleo, propiedad de Baltasar Dromundo.

[52] Francisco Bulnes. *La Guerra de Independencia.* Editora Nacional. México, 1956.

[53] Baltasar Dromundo. *Vida de Bolívar* (Premio Único de la Academia Venezolana de la Historia). México, 1937.

[54] No fue el único hijo que tuvo Morelos. Ante sus verdugos de la Inquisición habló de su hijo José, nacido en Oaxaca, año de 1814, hijo de Francisca Ortiz. Y de una niña nacida en lugar y fechas que no mencionó, pero que el año de 1815 vivía en Querétaro al lado de su madre. Padre amantísimo, Morelos no negó la existencia de sus hijos, ni los desamparó en cuanto las circunstancias de la guerra lo permitieron.

[55] Alamán. *Historia de México.* II, p. 401.
[56] Teja Zabre. *Ob. cit.*, p. 35.
[57] U. Ugarte Martínez. *Ob. cit.*, pp. 44-45.
[58] Tomamos el texto transcrito del *Morelos* de Teja Zabre, p. 35. Al mencionar dicho documento Lemoine Villicaña (*ob. cit.* pp. 157-158), no lo reproduce, posiblemente por carecer de tan importante elemento, pues se concreta a reproducir el nombramiento expedido por el señor Hidalgo en favor de Don Pedro José Beltrán Mesa y Coronel, haciéndolo preceder por esta declaración: "Nombramiento militar expedido por Hidalgo. Uno semejante debió haber recibido de sus manos el cura Morelos." Al calce de esa página, Lemoine se explaya con nueva aclaración: "Este notable documento, con el que propiamente se abre la vida revolucionaria del Caudillo, es muy conocido y ha sido objeto de interesantes comentarios por algunos autores que tratan el tema. Se hallaba en uno de los archivos de la ciudad de Morelia; Arreguín lo publicó por primera vez e ignoramos bajo qué circunstancias fue a dar a la colección que reunió don José R. Benítez, quien lo reprodujo en fotocopia e hizo una desafortunada transcripción paleográfica, pese a la brevedad del texto, en su multicitado estudio *Morelos, su casta y su casa en Valladolid (Morelia).* La versión que ofrecemos se ha realizado directamente sobre el facsímile."
[59] Lemoine Villicaña. *Ob. cit.*, p. 157.
[60] Salvador Pineda. *Santo y seña de Morelos. Seis perfiles del héroe. Figuras mexicana.* Libro Mex, editores. 1959, p. 27.
[61] Ubaldo Vargas Martínez. *Ob. cit.*, pp. 49 y 50.
[62] *Idem.* Vargas Martínez
[63] Alejandro Gómez Arias. *Discurso.* Versión en poder de Baltasar Dromundo.
[64] Carlos María de Bustamante. *Ob. cit.*
[65] Ignacio M. Altamirano. *Morelos en Zacatula. Episodios de la Guerra de Independencia.* Imp. Victoriano Agüeros. Tomo 72. México, 1910.
[66] Lucas Alamán. *Ob. cit.*, pp. 298, tomo II.
[67] Carta inédita de Morelos fechada en Huetamo el 3 de noviembre de 1810, dirigida a don Francisco Díaz de Velasco en el rancho de la Concepción Nocupétaro. *Anales de la Universidad Michoacana de San Nicolás de Hidalgo.*
[68] Ubaldo Vargas Martínez. *Ob. cit.*, p. 54.
[69] Vargas Martínez. *Ob. cit.*
[70] Altamirano. *Ob. cit.*
[71] Ezequiel A. Chávez. *Morelos.* Edit. "Jus", México, 1957, p. 43.
[72] Limoine Villicaña. *Ob. cit.*
[73] Vito Alessio Robles. *Acapulco en la historia y en la leyenda.* Edit. Botas. México, 1948, p. 144.
[74] *México a través de los Siglos.* Tomo III, p. 267.
[75] En honor de este denonado insurgente y a su memoria fue impuesto el nombre de Calle de las Trincheras de Ordiera a aquella que daba paso al viejo cementerio municipal de Cuautla. Fue en ese sitio donde sepultaron al general Emiliano Zapata los soldados de Pablo González, victimarios, con Guajardo, del Caudillo del Sur. B. D.
[76] *Archivo general de la Nación. Órdenes para el servicio militar de Cuautla.*
[77] Parte de Calleja al Virrey Venegas. *Documentos inéditos.* SEP. México, D. F., 1927. Vol. I, p. 304.
[78] *Archivo general de la Nación.* Tomo LV. Ramo Historia.
[79] Héctor Ibarra. *Nicolás Bravo.* Ed. Botas. México, 1957.
[80] Joaquín Arróniz. *Ensayo de una historia de Orizaba. (Toma de Orizaba por Morelos).* Ed. Citlaltépetl. México.
[81] F. L. Urquizo. *Morelos, genio militar de la Independencia.*
[82] E. Lemoine V. *Ob. cit.*
[83] Vicente Sáenz. *Morelos y Bolívar.* Sociedad Bolivariana. México, D. F., 1947.

[84] Mariano Cuevas. *Historia de la Nación Mexicana.* p. 432.
[85] Ernesto Lemoine Villicaña. *Ob. cit.*, p. 69.
[86] Lemoine. *Idem,* p. 70.
[87] Se encuentra en el Museo Nacional de Historia de la ciudad de México.
[88] Justino Fernández. *Arte moderno y contemporáneo de México.* Universidad Nacional Autónoma de México. Inst. de Investigaciones Estéticas. 1952, p. 30.
[89] U. Vargas Martínez. *Ob. cit.,* p. 142.
[90] Carlos María de Bustamante. *Ob. cit.* Tomo II, p. 219.
[91] En la historia de las campañas militares de Morelos hemos seguido las fuentes principales de información; Bustamante, *México a través de los siglos* y el enjundioso trabajo recopilativo de Ernesto Lemoine Villicaña. Por razones de sentido y relación con esa etapa, no descuidamos seguir y consultar la documentación que existe de Rayón, y la correspondencia entre ambos jefes. Empero, ha sido de gran ayuda en la tarea el trabajo de Ubaldo Vargas Martínez, quien positivamente estudió a fondo los testimonios documentales de la vida militar de Morelos, y lo hemos consultado y seguido.
[92] E. Lemoine Villicaña. *Ob. cit. La Constitución de Apatzingán.* Ernesto de la Torre Villar. Universidad Nacional Autónoma de México. 1964. Luciano Alexanderson Joublanc. *Ignacio López Rayón.* Impresos Donis. México, 1963.
[93] *Decreto constitucional para la libertad de la América Mexicana.* Gob. del Edo. de Michoacán. Morelia, 1964.
[94] Lucas Alamán. Tomo III, p. 512.
[95] Manuel Miranda Marrón. *Vida y escritos del héroe insurgente licenciado don Andrés Quintana Roo.* Imp. y Fototipia de la Sría de Fomento. México, 1910.
[96] Felipe Remolina Roqueñí. *La Constitución de Apatzingán.* P. 151. Edic. Gob. del Edo. de Michoacán. Morelia. 1965.
[97] Remolina. *Ob. cit.*
[98] Remolina. *Ob. cit.*
[99] Remolina. pp. 155 y siguientes referentes a E. Peter Bean, su libro y comisiones; proposiciones de Valdez a Mier y Terán respecto a la efigie de James Wilkinson "destinada al salón de sesiones del congreso mexicano", etcétera.
[100] Jean Delalande. *Aventura en México y Texas del Coronel E. P. Bean,* pp. 11 y 12.
[101] Remolina. *Ob. cit.,* p. 179. Habla el autor de "la desbandada de los miembros del Congreso". De las actas de sesiones de la asamblea, perdidas algunas, puede recurrirse como fuentes documentales a las obras siguientes: Genaro García, *Documentos históricos mexicanos;* Mario de la Cueva, *El Constitucionalismo a mediados del siglo xix;* Jesús Reyes Heroles, *El Liberalismo en México, los orígenes;* De la Cueva, *La idea de la soberanía, estudios sobre el derecho constitucional de Apatzingán;* Luis González, *El Congreso de Anáhuac.*
Nota: Las copias fotostáticas de los "Sentimientos" que hemos consultado, fueron sacadas del original que es propiedad de D. Lázaro Cárdenas, y aparecen reproducidos en la citada obra de Remolina.
[102] Alamán. *Ob. cit.*
[103] Vargas Martínez. *Ob. cit.,* p. 174. *México a través de los siglos.* Tomo III. Vol. II, p. 413.
[104] Carlos M. de Bustamante. *Ob. cit.* Tomo II, p. 306.
[105] Ubaldo Vargas Martínez. *Ob. cit.,* p. 178.
[106] Lucas Alamán. *Ob. cit.* Tomo IV, p. 36.
[107] Ezequiel A. Chávez. *Ob. cit.*
[108] Ezequiel A. Chávez. *Ob. cit.,* p. 142.
[109] Juan N. Rosainz. *Relación histórica de lo que me atonceció como insurgente.*

[110] Morelos. Documentos. *Ob. cit.* Tomo II, p. 381.
[111] Ezequiel A. Chávez. *Ob. cit.*, p. 145.
[112] Lemoine Villacaña. *Ob. cit.*, p. 140.
[113] Lemoine. *Idem.* P. 141.
[114] Lemoine. *Idem.*
[115] El lector podrá consultar, para información sobre el proceso de Morelos, la documentación contenida en dos obras fundamentales: *Morelos. Documentos inéditos y poco conocidos.* Volúmenes I, II y III. Colección de Documentos del Museo Nacional de Arqueología, Historia y Etnografía. Pub. de la Sría. de Educ. Jública. México, D. F., 1927; *Morelos, su vida revolucionaria.* Obra citada de Ernesto Lemoine Villicaña. Univ. N. Autónoma de México, 1965.
[116] En homenaje al caudillo se impuso el nombre de "Presa Morelos" a una de las grandes muestras de nuestro adelanto hidráulico en el norte del país. Una estatua gigantesca lo recuerda, asimismo, sobre el monte de Janitzio que domina el panorama del lago de Pátzcuaro. Existe otra estatua suya en Ecatepec, otra más en Cuautla, con inscripción sobre el histórico sitio; otra en la plaza de la ex Ciudadela de la ciudad de México, con placa alusiva. Otra placa en el antiguo edificio de la Inquisición —después asiento de la Escuela Nacional de Medicina en plaza de Santo Domingo—. Multitud de pequeñas estatuas se hallan esparcidas por el país, en plazas, escuelas, jardines, de realización y proporciones no siempre afortunadas. El Estado de Morelos fue nominado así en obvio homenaje a su nombre esclarecido. En la metrópoli, una de sus principales avenidas se honra con su nombre. La antigua Valladolid cambió nombre a Morelia por iguales razones, pleitesía al más ilustre michoacano y al mexicano más ilustre también. Sus restos, con los de Hidalgo y demás paladines de la insurgencia, reposan en la Columna de la Independencia, lo que redujo a simple conseja el rumor del siglo XIX en el sentido de que el nefasto intervencionista, hijo ingrato que fue Juan Nepomuceno Almonte, los había exhumado y hecho desaparecer en tiempos del Segundo Imperio. La pintura del reformador, portando uniforme de Generalísimo, se encuentra en el Museo de Historia de Chapultepec. El autor del presente libro, propuso a las autoridades capitalinas en el año 1969 se construyera un arco monumental en homenaje justo a Morelos, tentativamente en Paseo de la Reforma casi a los límites con el Edo. de México, en cuyas columnas se grabaran sus batallas y victorias, sus "Sentimientos" y quizá lo esencial de la Carta de Apatzingán. Una escultura o grupos escultóricos —Galeana, Bravo, Matamoros, Guerrero—, integrarían el monumento. Procedería que las ceremonias a su memoria en la ciudad de México, siempre fueran presididas por el Ejecutivo Federal, su Gabinete y el H. Cuerpo Diplomático.

ÍNDICE

Este libro se acabó de imprimir el día 25 de septiembr de 1970, en los talleres de EDITORIAL MUÑOZ, S. A., Privada Dr. Márquez 81, México 7, D. F., siendo Director del FCE el licenciado Salvador Azuela. Se imprimieron 3 000 ejemplares y en su composición se utilizaron tipos Garamond de 10:11 y 7:8 puntos. Cuidaron la edición el autor, *José C. Vázquez* y *Gonzalo Ang Collán.*

Nº 1619